脚下的路就是你的路

贤宗 著

中国财富出版社

图书在版编目（CIP）数据

脚下的路就是你的路 / 贤宗著．—北京：中国财富出版社，2017.1

ISBN 978 - 7 - 5047 - 6290 - 0

Ⅰ．①脚…　Ⅱ．①贤…　Ⅲ．①成功心理—通俗读物　Ⅳ．①B848.4

中国版本图书馆 CIP 数据核字（2016）第 254182 号

策划编辑　黄　华　　**责任编辑**　单元花
责任印制　方朋远　　**责任校对**　杨小静　张营营　　**责任发行**　邢有涛

出版发行　中国财富出版社
社　　址　北京市丰台区南四环西路 188 号 5 区 20 楼　**邮政编码**　100070
电　　话　010 - 52227588 转 2048/2028（发行部）010 - 52227588 转 307（总编室）
010 - 68589540（读者服务部）　010 - 52227588 转 305（质检部）
网　　址　http:// www. cfpress. com. cn
经　　销　新华书店
印　　刷　北京市通州运河印刷厂
书　　号　ISBN 978 - 7 - 5047 - 6290 - 0 / B · 0571
开　　本　787mm × 1092mm　1/32　**版　　次**　2017 年 1 月第 1 版
印　　张　7.125　**印　　次**　2017 年 1 月第 1 次印刷
字　　数　98 千字　**定　　价**　32.00 元

前 言

脚下的路

当我们低头看路的时候，我们已经在路上了。到底是心支配着路，还是路决定着心？我们所有的记忆、恐惧、欲望都是由心生起的，因此，当我们觉察到心与路的关系时，请记住这样一个真理：脚下的路就是你的路。

一个郁郁寡欢的年轻人问一位大师：“快乐的秘密是什么？”

大师答：“吃饭，睡觉。”

年轻人又问：“我每天都吃饭，每天都睡觉，为什么我却不快乐？”

大师答："你在吃饭的时候想睡觉，睡觉的时候想吃饭。"

一个被习惯所困的人，当然找不到快乐的本源。当我们想着未来的快乐时，我们已经在内心种下一颗如何通往快乐之路的种子了，但倘若我们的心永远困在过去的路上，心就会问，如何才能快乐，而这样，我们是永远无法找到快乐的。

脚下的路由我们的感情、想法、习惯、念头以及希望、信仰与梦想组成，无论有多宽、多长，都要一步一步地去走，去丈量。在这个过程中，大多数人都愿意做一点小小的改变，但倘若要彻底从本源上改变，他们的心中就会产生恐惧，即便已经做好了面对一切可能性的准备。这就像很多来香海禅寺打禅七的人，在七天时间里，已经改变了很多不好的习性，等回到平常的生活中，一段时间之后，一些不好的习性又回来了。当你再次回到香海禅寺的时候，你就要想一想，七天之后，当你再次离开的时候，你真的懂得了什么?

如果我们的心不断受外力牵引，不断攀援、纠结，就无法保持内心的清净与轻安。事实上，我们永远也无法把握外物的流动变化，我们唯一能做的就是觉察、放下、面对，让心灵获得润泽，让思想沐浴阳光。

脚下的路就是你的路。脚下的路是由你造就的，你要做的不是了解路的本原，而是你的本原。在路上，在当下的每一个瞬间，每一秒、每一分、每一个小时、每一天、每一年，你都要觉察并充满爱，如此，用一颗轻盈的心走好脚下的路，走好属于你的路。

贤 宗

2016 年 7 月

目 录

第一章

醒　来

面对同一件事，心境不同，其结果就会大不相同。

第一章　醒 来

历经两千多年，佛学留给我们很多宝贵的经书，还有许多美妙空灵的音乐。与经书一样，佛乐也有着净化心灵、平静思绪的作用。当下，一些对佛学感兴趣的音乐人也借鉴佛乐创作出了许多给人以启迪的优美作品。

在这里，我向各位读者推荐一首《醒来》，由艾米丽·王嘉宝演唱，歌词和乐曲都很好。大家听完之后也许会对自己的生活有所反思，明白自己平日都生活在“迷”的状态中。人在睡梦之中并不知道自己在做梦，把梦当作一种真实。而修行，首先要做的就是从这虚幻不实的“梦境”中醒来。

每天把《醒来》听一遍，反省自己是否真正醒来，是否时刻处在“醒”的状态中，如此，《醒来》这首歌便会成为我们的一面镜子、一个观照、一支催醒剂。

圣严法师说过，人之所以痛苦是因为错误地解读了这个世界。错误的解读会使人进入“迷”的状态，也就是没有醒来的状态，迷悟只在一念之间，醒来之后就不会再有痛苦。

我们之所以会痛苦、纠结、煎熬，许多问题之所以难以解决，是因为没有真正参透事物的本质，思维方式是错误的。错的方式、手段自然不能解决问题，甚至会陷入困局之中不能自拔。

佛陀有一次问他的弟子：“生命在何处？”

一个弟子回答：“在数日间。”

佛陀说：“你不了解生命。”

另一个弟子说：“在饭食之间。”

佛陀说：“你也不知道。”

第三个弟子说：“在呼吸之间。”

佛陀说："对了，你是真正了解生命的人。"

为什么说生命在呼吸之间？就其本质而言，生命非常脆弱，一口气提不上来就会不复存在。然而许多人总认为死亡是非常遥远的事情，不会轻易降临。事实并非如此，月有阴晴圆缺，人有旦夕祸福，横遭飞祸、家破人亡、白发人送黑发人等，这些噬骨痛心的事情比比皆是，我们有什么理由不珍惜生命呢？

如果我们早一点认识到生命之脆弱、人生之无常，认识到世间万物无不是因缘和合而成，认识到宇宙的真相是缘起性空，就不会将四大假合之体当作真实的永存，将自己拥有的一切当作永不变更的存在。当我们把事物的分分秒秒流变迁徙当作一种本然，便会从内心深处生起一种超然，这种超然使我们能够安于当下、顺其自然，把握生命的真谛，洒脱自在、无所羁绊地生活。

一个富贵显达、炙手可热、高高在上的人，一夜之间可能就变得一无所有，甚至成为阶下囚，如果我们自己是那个人该怎么办？其实能不能面对自己的遭遇，能不能承受生命的落差，全在于我们自己的思想和意念，如果我们具有佛性，了悟人生无常、生命无常的道理，对寿夭穷通、成败得失能够参透，就会放下身外的一切，坦然接受现实，将以后的生活当作人生的另一个开始，反之则会陷入无穷无尽的煎熬之中。

面对同一件事，心境不同，其结果就会大不相同，我们需要努力修炼的是自己的思维方式和心境。

我建议大家抽空读一读《心经》，只有 260 字，会背的人半分钟就能背一遍。

《心经》被称为“经中之经”，是言简义丰的典型代表。佛教中有一部《般若经》，有 600 卷之多，是很多经文的总汇，而《心经》则是这 600 卷经文中的精华。

阅读《心经》可以从中得到终极智慧的启迪，这种智慧在佛教中被称为“般若”，是出世间的大智慧，有别于我们通常所说的聪明。我们所说的聪明只是小聪明，或者是世智辩聪，而般若却是从生老病死、成住坏空、刹那生灭、无常变化的角度去看待人的一期短暂的生命，是从出世间的角度审视世间处于火宅中的众生，审视他们的忧悲苦恼、爱恨情仇。

《心经》可以从以下三点来进行理解。

观自在

《心经》第一句就是“观自在菩萨，行深般若波罗蜜多时”。

如何理解“自在”？它与“自由”不同，指的是身心合一、主体与客体合一的状态，而自由可能仅仅是个人主观的感受与诉求。自由是相对的，是有限度的，世上没有绝对的自由，却有绝对的自在。

那么到底什么是自在？要风得风，要雨得雨，身体健康，幸福安详，万事如意……这些都是自在，又都不是自在。

因为在《心经》中“自在”之前有个“观”，观音菩萨的自在是观照后得到的自在，这就与上文中所列举的自在例子不同了。

观照能力简而言之就是一个人的觉察、反省能力。倘若一个人不需要别人提醒就能对自己的状态了如指掌，并且能够随时根据变化做出调整，避免不测之祸、不虞之变，那么他便具有很好的观照能力。

实际上，禅修很大一部分内容便是在培养观照能力。观照只有在安静的状态下才能实现，当我们心烦气躁、气急败坏、思绪混乱或者怒火中烧时不可能有观照能力，这时候得出的结论往往谬误，想出的解决方案往往欠妥，处理的事情往往失衡。一杯水，平时处于清澈见底的状态，摇动它或将它搅浑，就看不清里面任何东西，也可以说此时此刻这杯水便失去了观照能力。当我们心如明镜时，心神凝聚，自然有了光芒，可以烛照一切、洞明一切。

这种安静和清明的状态需要不断进行训练，禅修便是最有效的方法与途径。

上课的时候心不在焉，工作的时候想着家里的事，下班后对工作的事念念不忘，这些情况之所以会出现是因为我们不能专注心神，不能把精力集中在当下所做的事情上。处处不在位，身心分离时就会感觉不舒服、不自在。

观照之后便可以得到自在，看透世间万事万物存在的规律，并且将这样一种思想运用于生活，用出世间的大智慧衡量自己的言行，如此才能得到自在。

在这样的标尺下，我们可以评判自己孜孜以求的一切是否值得，追问它们的本质是什么，最后会发现，一切事物都没有实在的意义，因为它们都处于不断生灭变化之中，没有什么可以永久地为自己所有，包括自己的爱人、孩子、家庭。世间万事万物都遵循缘起缘灭的规律，许多人所在意的权力、地位、功名利禄等更可能会在某一个瞬间烟消云散。

如果我们明白这一点，即使从位高权重到平淡无奇也能够坦然受之，从家财万贯到衣衫褴褛也能自得其乐，从万众景仰到芸芸众生亦能潇洒快乐。总之，我们不会被外在的一切所左右，不以物喜、不以己悲，始终保持恬静、平和、清净、勿扰的心境，这时候我们的状态就是“自在”，这样的自在不会被外界左右，不会消失，也不会被打扰。自在是需要时时观照才能得到的，若想获得观音菩萨一样的大自在，就要像观音菩萨一样对自己、对世界进行洞察与观照。

我们应该培养一种自我觉省的能力，随时可以将自己调整到最好状态，也正是《金刚经》中所讲的“应无所住而生其心”，这就是大自在的一种状态。

在生活、工作中我们需要保持自在的心态，调节自己的心境，将不利于自己的因素转化过来，让生活与工作更加顺利。

别人的帮助、扶持、赞誉是增上缘，我们要珍惜；别人的排挤、打击、陷害是逆增上缘，我们要把它当作一种修行。其实如果有一颗修行的心，生活中便无处不是修行，甚至与人吵架也可以成为一种修行。倘若与他人起了争执，我们可以借此机会体会与人吵架的过程、后果、意义，觉察自己那颗躁动的心，如果能够使自己以后做事更圆满、品行更完善，灵性得到进一步净化和提升，那么这次吵架也是非常有意义的。

生活中学会面对得失也是一种修行。一个愚迷的人面对亲人的离世只会陷入无尽的悲伤，甚至一蹶不振；而一个真正的智者却能从中发现人生之无常，体会宇宙大道运行的规律，以后能更加珍惜与有缘人相聚的时刻。智者随时在获得，而愚者总是在失去，想成为智者便需要不断修行。

人存于天地之间，身边的所有人都可以成为我们修行的对象，故而我们应该将遇到的每个人称为“师兄”。

大家都是来修行的，在娑婆世界中，彼此是相似的材料，都要接受火与水的洗礼，将自己提纯、升华。

做企业也可以借鉴上述道理，将企业经营管理作为修行的一种形式，工作就是修行的道场，同事就是自己的师兄。一个好的老板不仅自己修行，亦会带领下属修行，好的领导时刻注意员工的进步与成长，给他们锻炼自身能力的机会，不会将事情全部包办，只是提出建议然后放手让下属去做。

修行就是在锻炼自己的心量，有时候为别人搬开了绊脚石，恰恰也是在为自己铺路；原谅别人其实也是在成全自己。将心量打开非常重要，只有大心量的人，才能得大自在。境界不高，站的高度不够，就无法欣赏人生中最美丽的风景，就好比站在十楼的人不可能拥有东方明珠顶层的视野，享受一览无余的风景。若站在一楼，视野更加局限，只能通过窗户看到一角天空。思维决定观念，从而决定人生，想要获得大自在就要改变自己的思维与观念。

有人提出过人生的三个境界，分别是见天地、见自己、见众生。宇宙广大无边、运行无息，人类只是沧海一粟，是时间隧道的匆匆过客。人类是智慧生物，对未知世界抱有浓厚的好奇心，也会忍不住发问：我们存在的意义是什么？我们应该如何对待生命中的缘聚缘散？我们应该怎样与身边的无量众生一起生活？太多的问题可能穷尽一生也找不到答案，但这些却能从菩萨的智慧中参透一二。

菩萨的自在是大自在，因为她的“观”乃大视角，故能以大见小，以大化小。我们要修菩萨道，修的便是这种大视角、大视野的自在。

五蕴皆空

“五蕴”包括色、受、想、行、识。

色即物质，物质有两个定义：一是变化，二是障碍。

变化是从时间角度来讲的，世间没有不变的东西，无论是我们眼见的大千世界还是我们自身，所有事物都在不停地变化；障碍是从空间角度讲的，比如一张桌子占据了一定的空间，其他东西就不能再占据这个空间，如此便构成了障碍。

受即感受，包含三个方面：苦受、乐受、舍受。苦受是痛苦的感受，乐受是快乐的感受，舍受是不苦不乐的感受，也可以说是一种麻木状态。其实我们大部分时间都处于不苦不乐的类似于无感情的麻木状态，只是这种状态不易觉察，往往被我们的大脑所忽略。

想即想象，在八识中属于第六意识。人的基本六识由眼、耳、鼻、舌、身、意构成。人的六根对六尘产生了六识：眼对色，产生色识；耳对声，产生音识；鼻对香，产生嗅识……以此类推，人是通过这六识去认识世界的。

行即造作，驱使心造作诸业，所造作的行为有善、恶、无记三种。

识即认识，它最终形成我们的观点与价值判断。

“色不异空，空不异色，色即是空，空即是色，受想行识，亦复如是。”

不仅物质是空的，受、想、行、识也是空的，所以才说“五蕴皆空”。

空并不是一无所有，而是永远处在变化之中的事物没有固定不变、本自具足的自性。

明白了这个道理之后我们就能接受变化、接受当下，正确处理遇到的问题、正确认识自己的色身，许多之前的迷惑不解便能豁然而悟。

“五蕴”也都是缘聚缘散、幻起幻灭的，是假合之体。若能照见“五蕴皆空”，就能舍掉我执，从而忘掉小我、升起大我，融入世间，将个人的价值与世界、众生结合在一起，将自己的事业与大众的利益联系在一起，将自己这一滴水融入无量的大海之中，在利益众生之时体现出自己的存在价值与意义。

许多做销售工作的人总是想着如何给别人洗脑，如何让别人在迷糊、兴奋、冲动的状态下产生购买欲望，如何让别人为高额的产品埋单。当然并非所有的产品销售都是如此，但只看重自己的利益，不看重产品的质量和消费者的真实需求，凭借巧舌如簧和坑蒙拐骗迷惑消费者，使其上当受骗，以这种方式造就的销售奇迹、发的横财永远无法长久。

做任何事都有原则与规律，人们常说的“盗亦有道”便是如此。过去的一些劫匪虽然打家劫舍，但从不杀害儿童和妇女，并将这作为行业规矩不断流传，这样做，说明这些人心中还有一丝不能触碰的底线。但是有些劫匪专向妇女和儿童下手，有的即使已经拿到钱仍会痛下杀手，多重恶累积在一起，只会加速自己的灭亡。

经商更要遵循商道。“君子爱财，取之有道”，公平交易、童叟无欺、不发不义之财，这些既是祖辈流传下来的不能改变的规则，是行业中不成文的规定，也是一种社会道德，经商者一旦改变就违背了“道”，就会遭遇败亡。

纵观世界500强企业，没有哪个企业是靠非法牟利做起来的，他们永远在利益大众，是在大家的拥护、支持中成功的，因为符合了“道”，一直守道，所以做生意才能畅通无阻、行而能久。“公乃王，王乃天，天乃道，道乃久”，这是永恒不变的法则。因此想要将自己的事业做强做大，就要在如何更好地利益大众上下功夫，在这一点上去绞尽脑汁、苦心孤诣、废寝忘食，一定会得到回馈。做利他之事就要忘掉自己，进入“无我”状态，这时自己的行为就相当于做“三轮体空”的布施，自然会获得巨大的福报。

如果为他人付出一点就一心要求对方回报自己，做事业想得最多的是自己的成本回收，总在盘算自己的利益，这只能说明经营者的格局太小，陷入了我执的牢笼中，不能壮大。

般若实相

般若实相就是“不生不灭，不垢不净，不增不减”。

我们之所以要将佛称为如来，是因为他无所来无所去，原来就如此，如如不动地存在。

仓央嘉措有首诗：你见，或者不见我，我就在那里，不悲不喜；你爱，或者不爱我，爱就在那里，不来不去……很多人认为这是首情诗，其实这首诗真正讲的是佛法中的般若实相。

般若实相告诉我们，宇宙万物本来如此。实际上这与道家说的“道”相似，“天道有常，不为尧存，不为桀亡”，它不为任何一个人变化，有自己固定的运行规律。

如果我们能够进入般若实相，就会发现所有的事物都有着相通之处，遇到什么事情都能快速进入其内核，探清其本质，做事一通百通，拥有智慧、机巧和效率。

如果我们没有进入般若实相的境界，没有进入“道”的层面，做什么都很难成功。大凡出色的艺术家、科学家、政治家，他们的思想一定与实相相应，他们的思维一定进入了“正道”。

梵高的《向日葵》之所以拥有强大的生命力，能够跻身全球最著名、最广为人知的艺术作品之列，永世流传，是因为这幅画展现了他的精神世界，是其灵魂的寄托与再现。作者的心与向日葵合而为一，达到了“乘物以游心”的境界，向日葵在他的笔下只是一个借代，他可以随意画，甚至可以画得扭曲变形，但无论什么样的形态都承载着他的精神。《向日葵》包含了梵高不羁的灵魂和苍凉的心境，这是最能够打动观者的地方，体现出直击人心的力量。

《二泉映月》是我国民间音乐艺术的精品之作，也是阿炳精神世界的倾诉，是他灵魂的声音，他人生中的所有苦难、坎坷、爱恨情仇都化为了这些忧伤音符。其他拥有高超二胡造诣的艺术家，虽然熟悉曲谱，但心与音符没有极致契合，所以演奏的效果都会大打折扣，旋律是阿炳灵魂的载体，他已由“术”的层面上升到“道”的层面，在道中遨游，这样的音乐表现力与感染力自然让他人望尘莫及。

禅宗特别讲究开悟,对于开悟也有各种不同的解释。简单来说，开悟就是认识宇宙人生的般若实相，明了世事无常、缘起性空的本质,从而卸下自己身上所有的枷锁,从心灵上摆脱现实的奴役,以超然的姿态在红尘中游弋,去做本来应该做的事，完成自己一期生命中的使命。

一个人开悟后和开悟前有很大区别，我们可以简单地总结开悟的特点：

平静安稳，清明澄澈（本自清净）；

无欲无求，自在平衡（本自具足）；

自信坚定，内外一致（本无动摇）；

绵延不断，用之不竭（本不生灭）；

随机应变，运用自如（能生万法）。

可见，开悟只是帮助我们恢复了自己与生俱来的自性。自性就是佛性，它是不生不灭、圆满无碍的，只因为人的一念无明、迷惑、向外攀援，才导致了累劫沉沦、生死苦海，轮回于六道之中。我们学佛、禅修，种种修炼与追寻的目的就是返回自己清净的本性，逆流而上到那如如不动的源头。

在生活中禅修可以训练我们的专注态度，提高我们的观照能力，同时打开并安住我们的心。放下一切牵累，顺应自然、参透财色名利，不再计较得失。不要违背心愿又不甘取舍，被本质空虚和捉摸不定的东西所控制，尽量用认真的态度去做对的事，并且坚持到底。

佛教既入世又出世，所以既要事生如事死，又要事死如事生，说空不落空，讲有不执有。真俗不二，事理兼通，这才是真正的无上智慧。

第二章

世界并不坏

其实很多时候问题出在我们自身，与他人并没有关系。

第二章　世界并不坏

人生由各种缘分组成，我们所追求的其实是一个“圆”，人生的圆满就是自我与世界和谐，心中的圆满就是身心和谐。当我们与世界、社会、他人、自己都和谐时，就达到了最圆满的状态，这时才能感受到活在世上的美好。

人生是否美好关键在于我们怎么解读世界，我们的心影响着我们的感官与意念，影响着我们的情绪与生活。皮之不存，毛将焉附，心灵是我们整个自我生命最本质的东西，想要改变生活状态、改变命运，首先就要改变心灵。

人总是被各种各样的因缘和条件裹挟着，成熟睿智的人会珍惜每一个触动、每一次相遇、每一回共处、每一个当下，在这些过程中感到人生因缘聚散、潮起潮落的不可思议与美妙；但更多的人往往会忽略身边的事物，忽略与他人难得的相遇，忽略即将一去不回的当下，总认为一切都是理所当然、一成不变的。试想一下，如果父母为我们付出的一切我们都认为是理所当然，那亲子之间将会变成怎样的关系？如果夫妻为对方所做的一切被认为是理所当然，那夫妻之间就会矛盾重重，都觉得对方应该为自己服务，自己只愿坐享其成，不肯付出分毫。自私的想法导致我们不能合理调度自己的情绪，把善的关系变成了恶的关系，长此以往便会产生许多问题，涌现出各种矛盾。

其实很多时候问题出在我们自身，与他人并没有关系，就像走路的时候被绊倒，本来是自己走路不小心，是自己的错，却往往去埋怨路的崎岖不平，这样的思维方式只会让自己的心胸变得越来越狭窄，越来越背离纯净的初心。

人生是一个漫长的修行过程，把生命当作修行，每天就会看到自己的心灵在不断成长。当我们面对挫折与逆境、缺点与不足的时候，如果能够超越、提升自己，便是在修行过程中取得了进步，慢慢地，自己便能够敢于面对、担当、解决。

昨天的事情已经过去，要学会放下；今天的事情需要面对，要学会解决；明天的问题还没到，可以做一些计划，采取一些预防措施。人生是美好的，酸甜苦辣、丰富多彩，这种美好需要我们用美好的心去解读。

我本人是乐天派，总认为一切都是美好的，不会把世界想得那么坏。也许有人会觉得这是一个很傻的想法，可是任何问题都只往坏处想的话，那么我们看到的世界将会千疮百孔、阴暗无比，活着也会万分苦恼。人生的快乐苦痛都取决于我们自己，我们可以在天堂里，也可以在地狱里，无论天堂还是地狱都是自己造就的。心态好的人即便真的身陷地狱般的恶劣环境，也照样可以在地狱中营造一个心的天堂。

要想改变世界、家庭、工作环境，改变身外的一切，首先要改变自己解读这个世界的方式，思维与眼界改变了，其他一切都会随之改变。

所谓修行其实是修正自己，修行不局限于出家人，每个人都需要修行。举个很简单的例子，别人骂我，我不会生气，那么就不需要进行这方面的修行，但多数人都做不到不恼怒，因此需要修行；没有钱的时候很痛苦，每天忧愁、苦闷、压抑，等到有钱了发现自己过得依然不快乐，心中充满攀比、担心、纠结，这就说明需要修行。没有修行的人在任何情况下都可能不快乐，有修行的人在什么情况下都会快乐，若想保持快乐、平和的心境，必须要修行。

一个人对生活的需求越来越少，快乐自然不断增加。快乐的真谛并非做加法，而是做减法，越加越多越疲累，越减越少越轻松。并非每一个人都能明白做减法的道理，心中充满分别计较，吃穿用度都在与他人比较，所以才会不快乐。很多人在贫穷的时候生活得很简单也很快乐，富有了之后反而眼花缭乱拙于选择，原本的快乐之心也消散了。

这种计较之心甚至侵蚀到了学术圈，学者之间的诋毁与贬低层出不穷，抨击对方的学术观点，甚至进行言语谩骂、人身攻击，这样的环境氛围如何促进学术发展？人不能妄自尊大地认为自己把握了真理，人们对随便一个事物的评论尚且不能统一，更何况是学术观点。每个人都有权利阐述自己的观点，但每个人也需要尊重别人的观点，这样学术界才能百花齐放、百家争鸣。当我们的心是锤子时，我们看到世界上所有的问题便都是钉子，难道每一枚钉子都要用这把锤子去敲打吗？

放下对自己“锤子”身份的设定，不给自己做任何限定，去除心中的执念，执念太重只会给自己的生活带来无尽的烦恼。人要尽量活得真实，活出自己的本真与自我，如果不断为自己辩护，就无法快速前进，因为要不断瞻前顾后为自己寻找开脱的理由和借口，无法向前迈步。事物的辩证从来如此，我们面对光明，黑暗就会在面前消失；将手心展开，手背就藏在后面。阴阳、是非、好坏都相生相伴而存在，如此，在生活中遇到喜欢、欣赏的人，同时也应该了解他的缺点；遇到憎恶、讨厌的人，也不能忽视他的优点。即使是一轮满月也要经历残缺，不可能一直保持圆满，所谓圆满就是好、坏同时包容。世事的轮回正如月之阴晴圆缺，没有固定不变的，所以我们和家人、朋友、同事相处时要用一种从容的心态去对待，在这样一个又一个圆满中成熟自己的心智、提升自己的境界。

我平时很喜欢思考人与自然、与他人、与社会、与国家之间的关系，思考的结果是发现世界永远都围绕着“人”在变化。这个世界上的学校、医院、餐馆等所有的场所、设施都围绕着一个中心，就是人，因为这些事物都为了解决人的生存、生活问题而存在。

被他人需要是一种幸运，一个艺术家的作品能得到市场的认可，说明很多人对他的艺术品有需求，他的艺术品格也会因此而不断升华；如果一家公司生产的产品有很多人需要，这个公司自然越做越大；歌星受到人们的追捧也是同一个道理，大家听着、唱着他的歌得到了快乐，所以才会喜欢他。一个人之所以能够成为伟大的思想家，他的思想之所以能够持久盛行、备受关注，一定是因为他站在了众生的角度去急众生之急，解众生之困，众生因为他的思想而有所受益，便会将之视为可以推崇备至的哲理。“存在即合理”，其实一件事物能够存在就是因为被需要，有人对宗教不理解，其实宗教的存在也正是因为人们对它有需求，当没有人需要了，它自然就消失了。

人与这个世界的矛盾主要源于“我执”，简单地说就是认为自己最重要。《金刚经》说“凡所有相，皆是虚妄”，我们的身体、居住的房子，看到的山河大地、一草一木都是虚妄，这个虚妄并不是一无所有，而是一切事物的存在都是生灭变化、无常流动的，这就是空性的思想。

没有任何固定的、不变的、自主的个性就是空性。就像一支笔，是人规定它叫“笔”，还是它自己告诉我们它叫“笔”？有人觉得这只是一支笔，毋庸置疑，可如果我们把它扔给一只小狗，小狗只会把它当作一个玩具。我们也是把它当作一个工具而已，我们可以把它叫作笔，也可以叫其他的名字，不同的主体对它产生的认识理解不同，但这一支笔本身并没有发生任何变化。如果过于执着自己的想法和看法，就很难进一步认识事物的本性，其实所有事物的本性都像这支笔一样，都是相，都是空性，都是因缘和合。

每个人都有痛苦，富可敌国的人和一贫如洗的人都有着各自的痛苦，只要我们存活在这世间，便会遇到一系列问题，生老病死、爱恨情仇、人我是非，等等。有了这具身体，就会有与之相应的问题产生，其中自然不乏痛苦。

痛苦不可避免，却可以缓解。问题需要用智慧去处理，争端需要用慈悲来化解，多一点爱、多一点感恩、多一点理解、多一点包容，用这种思想去对待生活的时候，我们的境界就会越来越高，包容面也会越来越宽。

我在寺院也会碰到许多问题，比如建房子、处理人际关系、做慈善，等等，但是我会将所有的问题都归结为自我修行的不够。每个人都有着自身的不足，而挫折与困难是用来磨砺自己的心智的，在这一过程中转换、提升、弥补自己的缺陷。莲花之所以漂亮是因为下面有肥沃的淤泥，而肥沃的淤泥却是污浊、发臭、肮脏的，如果生活中遇到诸多痛苦、不顺心，就要学习莲花，将逆境、挫折转变成前行路上的营养，如此才能让自己更强大。懂得转换的人是有智慧、有境界、有慈悲、有福报的人，碰到的逆境越多内心就会越强大，对事物的解读也会越透彻，取得的成就也就越大。

转换的理念在佛学经典中多次被提及，转烦恼为菩提，转凡夫为圣贤，转潜意识为“四智”，等等。学会转换，任何事情都能面对、解决，人生也就不会再出现大问题。懂得转换问题就会成为智者，智慧并非天生，需要在生活中不断修行。稻盛和夫先生说，无论是总统、名人，还是保洁员、乞丐，所有的身份和工作都是我们来到这个世间要经历的修行，当我们来到这个世间时，灵魂的纯净度也许只有 10，当我们离开的时候灵魂的纯净度如果能达到 15，就说明这一期生命没有白活，中间相差的 5 便是我们所收获的全部智慧。

我们要不断地修炼自己的灵魂纯净度，纯净度越高，思想深处负面的东西就越少，直至最后归零。思想纯粹、灵魂纯净的人不管走到哪里都可以利益他人，他的气场、吸引力、人格魅力会不自觉地感化、浸染他人。

儒家讲诚心、正意、修身、齐家、治国、平天下，平天下的原点来自诚心、正意、修身，这些都属于自我的修养。修身才能齐家，把家庭关系处理好，家庭是自我训练的平台，家庭有问题便等于后院起火，即使事业成功也不会长久。

人就像一棵大树，读书、学习、做事、历练都是在给予自己的根茎、枝干以充足的养分，根系发达、深入，树冠才会更加茂盛。

人活在天地之间，如何才能吸取更多的营养？看书是比较简单的方法，既然要看书，就要让这些阅读真正有用，我们所有吸收的知识应该让自己的内心更强大、人性更纯净、境界更高深，然后才能活得更快乐。有的人学富五车，可他自己活得并不快乐，原因就在于他没有把知识转化为力量，转换成自身的能力，所以那些知识也就不能影响他的思维，改变他的人生境界，从而产生诸多抱怨和不快乐。老人一般都是很快乐、平和、慈祥的，因为他们阅历丰富，充满智慧。

作用力与反作用力的定律在生活中也同样适用，我们赋予生活什么，就能得到什么、成为什么。修行要从心出发，如果我们改变了自己的作用力，反作用力自然也会随之改变，这种对应关系便是佛教中所说的因果。

生活中不断找我们麻烦的人本质上是我们的逆增上缘，是我们的善知识。苏秦是战国时期著名的纵横家，最初在外游历多年，曾落得穷困潦倒的地步，狼狈回家后受到家人的鄙视与嘲笑，之后发奋读书，终拜六国相印，他正是将之前的困境转换成了斗志，才会有如此之成就。苏秦的成功就来自转换的力量，在遇到逆增上缘之时将其转换为自己的善知识。

《圣经》上说，上帝把一扇门关掉的时候，就会在另外一个地方打开一扇窗。如果总是盯着门不肯转移自己的目光，就不会看到窗口已经打开，这就是不会转化的人，也是没有智慧的人。能够在逆境中改变自己、转化痛苦的人才是有福报的人，这样的人能够经受任何打击，解决所有问题。

我们如果想走向人生的无限光明坦途，就要把迎面而来的黑暗不断丢到背后，充满信心地往前走，把所有的挫折和逆境都当作提升我们灵魂品质的必修课。在这个略显艰辛又有些漫长的过程中，我们会发现人生的无尽殊胜美好。

第三章

正　心

一些特定场合下心情紧张是不可避免的，我们应该自然而然地让自己回归到当下，放下雕琢心与分别心。

人一生有太多的缘分，每个缘分都与众不同，不同的缘会促成不同的结果。相聚便是一种缘分，每一份出现在我们身边的缘分都值得我们珍惜。

万事的发生都是因缘和合的过程，人的一生有太多事情需要去做，每一个善果的促成都有众多的因缘和条件。“因”在变成“果”的过程中需要缘，如同一颗种子在长成大树的过程中需要土壤、阳光、水、空气和肥料。因缘都是自然形成的，强求只会带来痛苦。当我们刻意去做一些事情的时候就会感觉不舒服，做自己不喜欢的事情更会不自在，一切都自然而然、不必雕琢，才能感受到其中的快乐与美好。所以，我们要回归自己的本来面目，回到最本原的状态。

想要回到最本原的状态其实非常简单，安住自己的心，全身心投入到正在做的事情、正在进行的工作当中，心情放松了，自我才能得以展现。举一个简单的例子，很多人在公开场合讲话会紧张得手脚发抖，甚至语无伦次，但是多加练习总能适应这样的氛围与场合，时间长了便越来越自如，慢慢地发表演讲的时候也会像私下和朋友们讨论问题、发表见解一样自然、随意，不会紧张。回归自己的本然状态是我们能够镇定自若地在公开场合发言的必备素质，讲话的时候手脚放不开、思路不顺畅，是因为顾虑太多，总是想着别人的反应、现场的效果、自己的形象，担心忘词该怎么办，不能把心安在当下才会畏首畏尾、紧张焦灼。

其实不仅仅是演讲、发表言论，做任何事情都是这样。一些特定场合下心情紧张是不可避免的，自然而然地让自己回归到当下，放下雕琢心与分别心，慢慢便可以有效地平复自己的心态。大家可以体验一下这种感觉，把心静下来，缓慢呼吸，感受自己的心跳，觉知自己的身体，将一切烦恼、妄想都放下。回归生命最初的自然状态能够帮助我们发现世界最为纯粹的一面，世间最美好的东西会从四面八方汇集到自己的身边。我们只有完全放下心中的烦恼，保留一颗安住之心，使自己的身心没有任何分别取舍，才会摆脱烦恼幽怨，收获安静喜乐。

参禅是帮助我们回归本原状态的有效方法，参禅不是参我们身边的人，不是参世界所发生的事情，而是参自己。眼中所看到的世间一切丑恶都源于自己的内心，所以参悟之时要探寻自己的内心，而非向外界、向他人攀援。我们所看到的世界由心念形成，心的主观反应影响着我们对客观世界的判断和认知，就像我们前面所讲到的，一支笔放在小狗面前可能只是玩具，放在画家手里它是一支画笔，放在木匠手里它则是画线的工具，这支笔究竟是什么取决于不同的需求、不同的心念。世界也是这样，我们心中藏着一个什么样的世界，眼前的客观世界就会呈现出什么样子。

我们可以尝试着多向自己的心提几个问题：为什么会有这样一群人围绕在自己身边，有的甚至能够与自己朝夕相处？为什么会有人对自己产生如此大的影响，让自己感受到快乐与痛苦？为什么自己要选择这样一种生活方式，过这样一种生活？自己的起心动念是怎样一种状态？我们坐定，就这样不断地问自己，总有一天会悟出生活的本原，让自己与世界合而为一，达到物我两忘的境地。到那时，我们的欲念停止了，万籁寂静，将心思全部集中在自己身上，参自己的身心，从而不断向真理迈进。

当我们能够静下心找自己的原因时，就会发现自己身上有许多从未注意到的品质和缺点；也会最终明白平时困扰我们的问题根本就不值一提，安下心来困难就会迎刃而解。如果我们的心不改变，其他任何事情都改变不了。

安住自己的心就要回归本真与自我，放下对他人的意见。别人的评价与我们自身并无太大关联，如果我们是一头狮子，并不会因为别人的贬低而变成一只猫；如果我们只是一只猫，也不会因为别人的夸赞而变成一头威武的狮子。我们的情绪之所以会被别人的话语左右，是因为我们没有安住内心，一颗飘浮着的心当然容易随风摇摆。

因缘和合体现在生活的方方面面，体现在我们自己的言语行为之中。每句话都由若干个字组成，即使一句骂人的脏话，将其分成单个的字，每个字也都是平平常常的，我们听到了也不会有情绪上的波动，可为什么把它们组合起来，就会产生如此大的心理波动呢？句子由字词组合而成，段落由句子组合而成，文章由段落组合而成，所有事物都是因缘和合而成，拆分开来便不再具有整体的意义。当别人辱骂我们的时候，可以这样想，“那些话只不过是一些字的组合”，如此便没有什么可气愤的了；当别人夸赞我们的时候，也要想到这些赞美的语言不过是一些字的组合，这样一来就没有什么可骄傲的了。

我们处在因缘和合的社会之中，他人带给我们的影响是无法真正规避的。我们为什么总会被别人的看法、态度所左右？其实根源是不停地与人攀比，本来一家人住一套小区房便足够温馨舒适，但在得知一个朋友住在别墅之后，就会觉得自己原本幸福的家变得一无是处。与他人攀比就是与自己过不去，何苦让自己原本就很疲惫的生活负担更重？

现代人每天都过得忙忙碌碌，没有时间静下来问问自己内心深处真正想要的生活是什么，在劳碌辛苦中与心底真正的向往与渴望擦肩而过。

有这样一个故事：夫妻二人都是社会精英，他们每天都非常忙碌，他们的愿望是生一个可爱的孩子，在海边买一栋别墅，每当夕阳西下的时候一家三口能够大手牵小手漫步在沙滩上，欣赏蔚蓝的海水和落日的余晖。终于有一天他们买了一栋海景别墅，也有了一个可爱的孩子，但他们依然非常忙碌，很少回家，每天都是保姆牵着孩子在沙滩的夕阳下漫步，留下两串大小不一、歪歪扭扭的脚印。

如此美好的画面是夫妻二人当初奋斗的目标，可是他们忘记了适时停下脚步，忘记了回首曾经的心愿，最终与梦想背道而驰。多少人都在这样活着，忙着争夺虚名浮利，却忘记了自己的本心？攀援计较，不会带给我们一丝快乐，但更多的却是痛苦。

我们都希望自己的人生达到一种理想状态，希望自己成为一个有德行的人，能够得到别人的尊重，但是要达到这种状态需要一定的资本，这些资本就是自信、自尊、自爱、慈悲与包容。说起来容易，要做到却很难，简单的几个字后面背负着十分厚重的力量。要不断修炼自己，当心灵具备承受重物的能力之后便能获取这样的力量。

第四章

在逆境中修行

将生活中的逆境当成修行，就能把压力转换成一种昂扬的力量，帮助我们做成想要做的事。

第四章　在逆境中修行

我们讲慈悲，劝诫人们常怀慈悲之心，但慈悲的含义则需要我们用心去感悟。慈是慈爱众生，使之快乐；悲是拔除众生的痛苦，使之不再悲伤。

当我们的内心充满慈悲时，就会感受到身与心、人与人、人与动物、人与自然的和谐，感受到世界充满阳光、祥和与安宁，甚至可以同动物对话，可以与花草树木、高山流水交流感情。如果我们能够将这种心境不断辐射给身边的每一个人，就会发现所有人都非常可爱。我曾经在台湾见过一个女孩，长得并不漂亮，但是她笑容灿烂，声音温柔甜美，对人谦恭有礼，没有人会因为她的长相而否定她，她的光芒也不会因为相貌而湮没。

心怀慈悲，待人接物的心态就会更包容，即使遇到不顺心的事情也能以平和之心去面对。慈悲是没有局限的，能够将所有的逆境、挫折转化成顺境，就像我们常说的莲花，出淤泥而不染，池塘里的淤泥越厚，莲花长得越丰硕。善良的心性、和蔼的态度、美丽的笑容便是慈悲最直观的外在表现。

逆境是对我们的历练，困境是修行最好的道场。困难越大所能得到的收获就越大，环境越艰辛越能磨炼一个人的意志。总做容易的事便很难体现、提升自己的能力，让人没有成就感。我们香海禅寺从最初的规划一步一步走到今天，每一步都是心血和汗水的沉淀，每一棵树、每一块石板都花费了很大的力气与心血才得以配备，个中艰辛，没有经历过的人是想象不出来的，但是我认为这就是修行。将生活中的逆境当成修行，就能把压力转换成一种昂扬的力量，帮助我们做成想要成就的事。许多人认为只有在深山老林中打坐才算修行，这是一种错误的观念，事实上生活本身也是一种修行，吃饭、穿衣、睡觉等生活点滴都是在修行。

对我而言，世俗生活是一种烦恼，每次回家，看到家里人为妻儿老小的事忙得不可开交，就会想生活其实可以不用那么复杂，少一些欲望会活得更自在。相比较而言我更喜欢寺庙里的生活，简单、清静，修禅学佛，内心平静没有波澜。

人总会遇到纷繁各异的烦恼，但是一个真正的修行人往往能将烦恼转化掉。其实在人的一生中真正快乐的日子并没有多少，大多数的日子都在经受磨难，但恰恰是这些磨难使我们变得更包容、更开阔。能够以智者之心处世，即使受折磨也能够甘之如饴。

不能把生活当成修行就无法将苦难转化成正能量，反而会把它当成负担。人不能总是被挫折压住、被环境推着走，要敢于去承担和挑战，这样的人生才是快乐的。能转化逆境的人就能笑对人生，是最有福报的人，就像电影《泰囧》中的一个片段所讲的，别人骂你是傻瓜，你就乐呵呵地问："你怎么知道我是傻瓜？"用这种心态来面对生活，肯定能够获得快乐。

《金刚经》云"众生非众生，是名众生"，我们可以将这个思路套用到生活中的每一件事情上：丈夫非丈夫，是名丈夫；妻子非妻子，是名妻子……女人不一定是柔弱的，也可以活得很坚强，自尊自爱，独立自主；男人不一定要霸道，也可以很温柔，爱护妻小，打理家务。放下一些传统的观念，用心去维护自己的家庭，才算得上是真正的大丈夫、真正的贤妻。如果那些旧观念放不下，就无法真正理解丈夫和妻子的含义。男人要做一个心胸像广袤的星空一样开阔的丈夫，听妻子的话不代表就变成了小男人，反而证明自己是真正的大丈夫。我的一个朋友，在工作中非常强势，一丝不苟、认真严苛，可是一回到家立刻就变得非常柔顺，不管妻子怎么撒娇、耍小脾气都从不动怒。这就是这个男人的胸襟，能够容纳工作的压力，也能包容亲人的缺点和脾气。

女性也应该学会修炼自己的包容心。中国历史上有两位女性让我非常敬佩，一位是李世民的结发妻子长孙皇后，另一位是朱元璋的妻子大脚马皇后，她们都很有修养，不但懂得诗书礼仪，更懂得相夫教子之道。女士们可以向她们学习，有空多读书，学习一些历史和哲学，并不一定要在外面冲锋陷阵，能够把家里打理好，给自己的家人提供一个温暖的栖息场所也非常了不起。

人生到处都是修行，不管我们是笑对生活还是愁眉苦脸，生活都会一一地给予回应，只有我们完全回归到自己的本来状态，才能活出最真实的自己。人的潜能是无限的，因为有太多的担心和害怕，畏首畏尾才会裹足不前。修行就要做到“无我”，让自己和环境完全融为一体，奇迹往往会在这种状态下发生。

从事任何一项工作都应该学会投入，努力达到无我的境界，如此才能做到极致、臻于完美。

《四十二章经》里面讲到人修行的最高境界是无念、无住、无修、无证。这与我们平时对修行的理解完全不同，并非经书自相矛盾，而是因为我们还没达到那个境界，还有很多路要走。禅宗主张“破立”，即破除旧有观念，建立新的观念。“无我”就是破除我执、我见与内心的一切烦恼纠结，无阻碍地参自己的身心，参悟世间的大道。这时候就能参透自己的世界观、人生观、价值观，了解了自己内心的真实模样，能够用一颗宁静、安详、清凉的心去看待世间一切事物。

人与外界的矛盾其实都源于心念，都是虚幻不真实的存在，当我们的心清静下来，周围的一切就清静了。古人言“世上本无事，庸人自扰之”，我们担心的事情十之八九是多余的，为多余的事情而浪费心神显然不值得，担心不能使问题得到化解，勇敢地面对才会有解决的可能性。

一个人要快乐地活着，首先要学会坦然面对生死，唯有如此才能坦然面对世间一切。世间万物都处于轮回之中，生老病死、人生起伏、成住坏空都在轮回。当地震、海啸等灾难突如其来，造成大范围人员伤亡和财产损失时，许多人因生命的消逝和家园的毁灭而惋惜落泪，修道之人却能很快收住泪水走出悲伤。并不是修道之人没有同情心，而是世事终是这样的结局，一个人在出生的那一刻起就慢慢向死亡迈步，一栋房子在建成的那一刻起就开始了通往毁灭的历程，终有一天会变成一堆废墟，自然灾害只不过是加速了事物的变化进程，使它们提早完成了一生的使命。如果我们能够明了其中的道理，就拥有了一颗处变不惊之心，喜悦与悲伤都不会成为生命的主导，任何事情都不能将我们打倒。

世间没有绝对的安全，也没有一帆风顺的事业。当年我一个人到嘉兴，孤立无援，用了十年的时间与寺众一起将香海禅寺建设到如今的规模，可以说是步步维艰。我所依靠的就是建立在自尊、自立、自强、自信基础之上的坚持不懈。人生的过程其实很简单，没有方向是因为我们没有看清，太过执迷。我建议大家读读经典，不仅包括佛学书籍，还包括各家的学说与经典作品，从中汲取古人的思想经验，参照古人对事物的见解，让自己从迷惑走向光明。

并非我盲目乐观，就目前世界各国文化的发展形势来看，不久的将来中国文化必然会引领全世界。中国传统思想文化主要分为三家：儒家、道家、佛家。有人说儒家适合朝气蓬勃的年轻人学习，道家适合经历过世间沧桑的中年人学习，佛家则适合看透世间种种的老年人学习。

一个人如果没有经历人生的各种阶段，就领悟不到佛学的精髓。佛教并不是迷信，它能帮助我们反观内心，去体悟宇宙万物，是体悟人生的一门学科、一种知识、一种方法、一个契机。佛教追求的是智慧与理性，佛陀提出的东西并非一定正确，所有的宇宙真理都需要我们自己去领悟，佛陀也是一个悟出宇宙真理的觉者，他是我们的老师，为我们提出悟道的方法，但并不意味着他能代替我们去悟道，或者将所悟之道全部灌输到我们的脑子里。所谓“大愚有大悟，小愚有小悟”，任何人不管是聪明还是愚痴都有机会成佛，成佛不是成仙，并不能获得腾云驾雾、无所不能的法力，而是获得人生的智慧和对宇宙万物的正确认识。

如果我们能够理解透彻，就会发现各个学科都是相通的，佛教与哲学、科学并不冲突。佛陀在两千多年前就说我们生活的宇宙有三千大千世界：“百亿须弥山，百亿日月，名为三千大千世界。如是十方恒河沙三千大千世界，是名为一佛世界。”现代科学也证实了宇宙是无边无际的。佛陀又说：“佛观一杯水，八万四千虫。”当今的科学家也用显微镜证实了每一滴水中都有千万个微生物。事实上我们生活的世界非常大，眼睛所看到的只是其中的一小部分，而且我们所看到的世界不等于其他动物看到的世界。这些需要高科技才能证实的自然现象，佛陀生前依靠证悟便已经得知，如何能说佛教是迷信呢?

眼睛看不见的东西并不能否认其存在，我建议大家读一读六祖慧能的《六祖坛经》，它融汇了儒释道各家思想，是中国传统文化的精髓，对我们的人生可以起到启发和帮助的作用。

我有个预感，今后禅修会越来越受到人们的青睐，禅修其实并没有什么秘诀，仅仅是学着把生活中的每一件事都当作修行而已。人活在世上最重要的就是快乐，想要获得快乐就要学会放下烦恼，充实自己的身心，不要让自己的心被环境牵着走。把生活中的每一件小事当作禅修来对待，慢慢地，自己的心量与胸怀都会得到提升。

一个人想要做到自尊、自立、自强、自爱，就要有独立的内心世界，有不与世俗同流合污的思想境界，不断地认识自己、战胜自己、超越自己，不要因为别人的强势而否定自己，每时每刻都要学着去发现自己的优点。有的人就像一壶温水，经过很短时间的加热就会沸腾；有的人就像一壶冰水，需要加热很长时间才会沸腾。不管是温水还是冰水，只要加热早晚都会沸腾，又何必因暂时的失败而自卑、气馁？我们周围的条件、因缘促使我们今天只能达到这一步，既然如此，就走好当下的每一步，明天如果有能力踏上一个新的高度，就勇敢地踏出去。别人的幸运是无数劫修来的福报，没必要去跟别人比，要学着接受自己、充实自己、改变自己，只与过去的自己进行较量，只为自己获得的进步感到欣喜。

参禅就是让自己的内心回归到无尽淳朴的状态，让自己达到一种静谧、清澄的禅境，此时再回头看自己的家庭、事业以及世间形形色色的人，感悟自己与这个世界的关系，就拥有了一种转化的力量，转化的过程中便收获了智慧。在这个过程中我们要不断通过自身的力量去提升自己，如实观照自己的一言一行，甚至细致到吃饭、走路、睡觉，这样就能时刻清楚自己在做什么，知道自己将要走向未来的哪个方向，才能脚踏实地，一步一步走得踏实、稳健。

参禅不仅是一种行为，更是一种态度，佛学不仅有宗教的内核，更有着极为科学的精神实质。学习佛学是在学习知识与智慧，从而去指导自己的人生，让生命更加绚丽精彩。

第五章

内　心

面对同一个事物，角度不同，得到的结果也不同。

第五章　内心

无论是我的其他作品，还是在本书前面的章节中，我都多次提到心的作用和重要性，心是决定我们生活方向和生命品质的根本，能够带领我们了悟生死、悟道成佛。

心情的好坏、生活的难易并非取决于外界环境的困顿或顺遂，而是源于自己的认知和内心的感受。夏天的时候如果没有坐在空调屋里，而是在太阳底下，晒得浑身滚烫，我们肯定会烦躁不安、心生抱怨，这是一个人正常的自然反应。但我们可以尝试着换一种思维方式，晒太阳可以补钙，流汗可以排毒，或者也可以将之作为考验自己的过程，这样我们的心就打开了，所有的负面情绪也就没有了，人也会很快乐。其实能不能快乐只是心的问题而已，快乐的情绪源于我们的主观感受和判断，完全可以由自己的心把握。

心对世界所进行的解读决定着我们看到的世界的模样，当解读世界的观念改变了，我们眼中的世界就改变了。做同样一件事情，每个人看人、待事的方式不同，考虑问题的角度不同，对宇宙人生存在的规律理解不同，就会有不同的结果。一个人的格局决定着他的结局，格局指的是心量的格局、思想境界的格局以及把握事物的本质和规律的格局，有不同层次的格局，就会看到不同层次的世界。

同理，对于同一个人，不同的人也会有不同的评价，出现“横看成岭侧成峰”的差别，是因为每个人所站立的角度和远近都不同，其实庐山只有一个，可是在大家眼中反映出来的却是它的不同维度和侧面。

所以，在生活中我们要学着换个角度、换种思维来看待问题、解决问题，但想要“换”过来，就必须把心打开，心没有打开就不会有转圜的余地。

打开自己的内心是要增大自己的心量和包容性，但这并不代表要对所有的事物全盘接受。在学会接纳、学会包容的同时也要学会忠实于自己的内心，认定对的理念，不动摇、不偏移。

俗话说，当你大声说话时有人说你，当你小声说话时有人说你，当你沉默不语时还是会有人说你。一件事情做与不做不取决于别人，而取决于我们自己，就像有个典故“筑室道谋，三年不成”，一个人打算盖房子，于是咨询路人的意见，结果路人各抒己见，意见并不统一，就这样折腾了三年，房子还在他脑子里幻想着，方案很多却无从下手，最终一砖一瓦都没动。

人要有自己的思想，有自己的主见，一味地听取别人的意见其实是有害的，那些能成就大业的人，都是能听取意见但同时又能保持冷静、当机立断的人。历史上的昏君往往容易轻信谗言、受人摆布，而一个明君一定是既广开言路又精于选择的。

当我们打算做出选择时，一定要反复问自己：这真的是我想要的吗？譬如自己想要升官，就要不断地反问：升官有什么好处？升官真的会得到理想中的结果吗？把所有可能出现的结果都想一遍，就会发现世界上每样东西都有正反两面，都有利弊，这就需要我们拥有冷静理智的头脑来应对、来分辨、来选择。

我小时候喜欢看电视，那时候电视只能收一个台，从头看到尾没有选择，遇到什么看什么，也非常的开心。现在的电视有几百个台，选择非常多，但太多反而会让人眼花缭乱。许多人习惯把遥控器拿在手里，不断换台，几个小时过去也不知道自己看了些什么。事物都有正反两面，我们在享受它好处的时候，势必会受到它坏处的“光顾”，这是永远逃不掉的。

选择多了，错误的选项也就多了，做出错误选择的概率也就更大，这就更需要睿智的头脑进行观察和判断，以免做出让自己后悔的选择。

许多人渴望住大房子、发大财、声名远扬，喜欢被人包围、喜欢众星捧月的感觉,可是这些真的有意义吗?当然追求这些并没有错，但是要清楚自己心中真正的追求和向往，弄清楚这些外在的物质是否真的能够让自己感到快乐。有人认为住大房子很风光，很有面子，但如果月薪只有几千元的人为了住大房子拼命赚钱，将自己变成一匹负重过甚的驴，费尽千辛万苦买到了理想的居所，住进去才发现自己其实用不了那么大的空间，很多空间都闲置着，但他最好的年华已经失去了，错过了年轻时本应领略的风景，独自守着空荡荡的房子叹息年华的空逝,房子和青春到底孰重孰轻只有到了最后才明白。

为了面子、虚荣心而活着，得到的并不是内心所渴望的，一个真正有智慧的人一定是为自己的心活着，如果到了迟暮之年才明白这些，到时后悔为时已晚。

第六章

平　衡

在人事上占便宜，在天道上一定会吃亏。

第六章　平 衡

19 世纪的德国诞生了一位伟大的数学家——康托，他在数学领域的新发现为数学的发展带来了一场革命，可是由于当时的学术界对他的发现并不认可，他与同行们进行了长达十年的争辩。康托的精神经常处于压抑状态，对数学的醉心痴迷和别人不理解自己的苦闷，导致他在 1884 年患上了精神分裂症，最终死于精神病院。

我们都知道，投入是一种优秀的品质，专注是一种细致的力量，但是投入与专注有的时候会带来负面的影响，太过钻牛角尖反而会误入歧途，被所执迷的事情捆绑。

人要明白是自己在做事，而不是事情牵着自己的鼻子走。要清楚自己在做什么，清楚事情的发展方向以及未来的可能性，只有这样我们才能走好现在的路，任何突发的事情都不会搅乱我们的心。如何应对突发情况最能看出一个人的修行，修行的时间长了会培养出一种泰然自若的从容淡然，面对突发情况能够处变不惊，修行不够则容易自乱阵脚。

很多人每天忙忙碌碌，但总觉得时间不够用，做的事没有条理也没有意义，甚至还带来许多本没必要的麻烦，遇到问题不知道从何下手解决，就像家里失火抢救财物时，冲进去只拿了一个水桶出来。人的定力不够就容易着急，而心情急迫最容易出乱子。

禅定能给予我们面对未知状态的力量，就像一个房间，如果灯光明亮，里面所有东西都看得清清楚楚，我们心中就会很踏实，没有任何恐惧感；关掉灯，房间里便漆黑一片，我们就会疑虑重重，甚至会编出许多可怕的事情来吓唬自己。定力差的人在面对未知事物时很容易迷失自己，不知道自己是谁，更不知道该到哪去，遇见事情就会手忙脚乱，到最后只剩下悲观绝望。有了禅定功夫我们就不会恐惧黑暗，更不会被未知的事物吓得心神不定。

禅修不只是出家人的专利，它对所有人都适用，无论什么样的身份，接触禅修都会对整个人生大有裨益。禅宗祖师慧能大师出身樵夫，但他所开创的禅宗却为中国文化平添了浓墨重彩的一笔，它荟萃了儒释道各家的精华，开创了中国文化的一代新风。

中国寺院大部分是禅宗道场，为什么禅宗在中国能得到如此广泛的传播？原因在于禅宗的思想契合中国人的思维习惯，禅宗提倡“教外别传，不立文字，直指人心，见性成佛”与“当下迷就是众生，当下悟就是佛”。悟的状态其实就是明心见性，知道自己是谁，来自哪儿，要往哪儿去。

我们做任何事情之前都要先确定方向，方向明确了之后，接下来要做的就是坚持。方向不明确就会找不到坚持的动力，方向错了再坚持也无益，只会在错误的道路上越走越远。

修行能使我们达到一种轻安喜乐的状态，让我们像天空中飘浮的云朵一样自由自在。但云朵自由的前提是随风飘浮，如果是逆风就不会有轻松自在可言了。修行也是这样，如果凡事都遵循事物运行的大道，我们就能够活得轻松自在，如果总是违背事物的运行规则，正常生活都不能保证，又何谈轻松自在?

修行也能够使我们始终保持如秋季天空般清澈明净的心性，万法不离自性，无须心外求法，心沉静了便不会被外界打扰，心明净了便不会被世俗污染。

每个人都如同一片土地，土地可以孕育万物，也可以变成荒漠，我们的一生可以有经天纬地的成就，也可以一事无成，这取决于我们面对人生的态度。世界上有太多的职业，但是道理只有一个，即只要我们能达到明心见性，任何事情都能做好。我们如果能够悟出世间万物存在的道理，那么任何事物都不会成为我们的障碍，当画家能作好画，当教授能教好学生，当工程师能设计好房子……有许多人觉得工作很困难，是因为境界还不够高，生活中存在太多的障碍，如果遇到一点挫折就沮丧放弃，又怎么能够获得成功呢？

用心灵去感知世界才能真正认识世界，用心去体味生活才会真正懂得生活。伟大艺术家的作品往往透着一股雄浑的力量，原因就在于他们不是在用手创作，而是在用心灵创作。贝多芬的音乐倾注着他的感情和对生命的体悟，听起来能发人深省，让人有力量，其他大师的灵魂之作往往也能够触及听众的灵魂。

并非人人生来就能成为大师，想要自己心中的土壤变得肥沃就要不断地进行学习积累。不仅要向他人学习，更重要的是要向自己学习，探究自己内心深处的优缺点，发扬优点、改正缺点。《坛经》云“佛向性中作，莫向身外求”，讲的就是这个道理。学会了做人也就领悟了佛的真谛，为人处世与学佛是一而不是二，学佛讲究“上求佛道，下化众生”，做人做事也是这样。做事情精益求精，使自己成为行业中的佼佼者就是“上求佛道”，用我们的成果去服务众生，让更多的人受益就是“下化众生”。虽然是一个普通人，但处世外圆内方，事事圆融无碍，对家人、朋友、领导、下属都尽心尽力，时时微笑待人，也受到别人微笑的回馈，这不就是“上成佛道，下化众生”吗？

人不用刻意为善，只要心中有众生，做任何事情都会自然而然地利益众生、度化众生，不会伤害到他人。真诚待人、用心生活，这样才会活得轻松自在。不要有太多的分别心，分别心其实也是一种恶，刻意地去分辨一件事物的好坏或一个人的美丑，于己是一种痛苦，于他人是一种伤害。就像夫妻之间如果要区分双方的父母，进行区别对待，要区分出各自的职能与分工，这样就很容易产生隔阂，导致家庭生活的不幸福。

人也不必刻意追求物质，买房买车，搞室内装修都是为了有一个舒适的生活，舒适的生活其实就是在满足日常生活所需之余增加一点点舒适感，因此，没有必要一味追求奢华。奢华并不能提高我们的生活品质，有些豪华的卧室装修得像大厅，打开灯富丽堂皇，关掉灯却非常空旷，连睡觉都睡不踏实，又何谈生活品质？卧室能够休息好，房子的面积足够家人生活，车子能够平安出行，这样就已经达到了舒适的标准，为何要以分别心去计较，费尽心思打造更豪华的卧室、更大的房子，追求更高配置的车子呢？一味追求奢华不仅不会带给人快乐，反而会带来更多的不安和恐惧。

得到不一定是好事，失去也不意味着是坏事，这世上最完美的状态是平衡，身体平衡了才会健康，人与人之间的关系平衡了社会才会和谐，星体之间的受力平衡了宇宙才能正常运转。我们修行其实也是为了使生活保持平衡，如果生活习惯不好，饮食和作息都没有规律，使得自己总是疾病缠身，那么现在就要尽力把一切恢复平衡，远离疾病，让自己变得更加健康快乐。

万事万物都遵循着平衡的原理，有得就必有失。有的人喜欢占小便宜，其实在人事上占便宜，在天道上就一定会吃亏，此消彼长，平衡一旦被打破，就会得此失彼，遭受因果报应。

俗话说“人无远虑，必有近忧”，无论远虑还是近忧其实都是自己给自己找的麻烦。人可以只顾眼前，也可以目光长远，这取决于我们内心的需求和向往，取决于我们看待事物的眼光和对待事物的标准。如果只是追求物欲的享受和花天酒地的生活，这种日子是不能长久的，一旦福报耗尽，沦落街头当乞丐都有可能。看问题不能只顾眼下，不能只盯着面前的小利益而不顾长远利益，我们何曾见过一个唯利是图的人成为真正的富人，又何曾见过一个懂得布施的人成为穷人？一分耕耘一分收获，今天以一种方式付出，明天就会以另外一种方式收获；今天以一种方式索取，明天就会以另外一种方式失去。就像庄稼种在田里，施肥灌溉可以得到更多的收获，揠苗助长看似能使庄稼长高，结果却只会让禾苗枯死，最终颗粒无收。

我听过这样一个故事：一个富人和一个穷人都在沙漠中迷了路，富人身上背着金子，穷人身上背着水，富人向穷人要水喝，穷人要收很高的价钱才肯卖，富人把所有金子都拿去换了穷人的水，结果富人活了下来，穷人却渴死了，最后金子还是归了富人。

这个故事讲的就是长远利益和眼前利益的关系，穷人只看到眼前利益，把最宝贵的水卖给了富人，在沙漠里金子毫无价值，反而会增加负担、消耗体力，水却是支撑生命的必需品。人在任何情况和处境下都不能太贪心，眼中只有金钱、名利，最后将会变得一无所有。

利益要看长远，事情要看本质，被表相所迷惑终究会迷失自我。正如《金刚经》中所云“如来，非如来，是名如来；佛法，非佛法，是名佛法”，能够透过一件事物的表相看到本质才算得上真正认识了它。就像前面那个寓言里的金子和水，在当时的情况下，水是能救命的，金子却不能，穷人认识不到这一点，所以做出愚蠢的决定，最终丧失了生命。

人要追求快乐、幸福，要追求生活的富裕，这样想没有错，但我们要理解什么样的人生才是快乐、幸福的，什么样的生活才是富裕的。若认为有钱的生活就是富裕的，就能得到快乐、幸福，是因为只从物质上进行了考虑，但是人除了有物质上的需求外，还有精神上的需求，不能只看到物质而看不到精神。物质能满足我们身体的需求，却满足不了心灵的需求，真正的富足是物质与精神的共同富足。

一个人只有知道自己是谁，知道未来往哪儿走，他的内心才会充实，否则只能活得空虚无趣。有的人即使没钱也喜欢长途旅行，就是大家所说的穷游，无论和朋友一起还是独自一人都能够充分感受到旅途的快乐。没有太多外在的需求，内心富足安定，才会有欣赏风景的心情。人是否快乐与拥有多少金钱财富没有必然的联系，与之有必然联系的是我们看事物的方式，是我们的眼光、见识和精神。只要把握好自己的心，无论身处顺境还是逆境，无论贫穷还是富有都会幸福、快乐，没有烦恼忧愁。

第七章

菩 萨 心

慈悲是包容、是理解、是博爱，是一颗柔软的心，对万事万物都应该心怀慈悲。

第七章　菩萨心

每个人都是身居凡位的菩萨。尽管目前我们还是凡夫，但我们的心可以是菩萨心，行可以是菩萨行。起心动念、言行举止都向菩萨之道靠拢，我们自然也就成了菩萨。

菩萨的“心”和“行”可以用“上求佛道，下化众生”来概括，我们想要成为菩萨，自己一生的行为举止就要落实在这两句话上。

“上求佛道”是要我们追求无上正法，成就无上正等正觉、三藐三菩提，这个大法是释迦牟尼佛和古来高僧大德实践证实过的，真实可行；“下化众生”指我们不能当自了汉，自了汉是罗汉，无法究竟圆满，在追求自了的同时度化他人便是在行菩萨道，最终获得的也是菩萨的果位。众生是我们的福田，要成就自己，就要度化别人，在修行的道路上人我一体，不能分开，“下化众生”是成就究竟圆满无漏大果的必经阶段。

菩萨给人的感觉首先是慈悲，其次还有健康、喜乐、自在、幸福、轻安、清净、平等、随缘、从容……这些美妙的品质我们都要具备，或者一步一步地具备，如此才能成为真正意义上的菩萨，才能和菩萨处于同一频道。

学习佛法、成就道业需要借鉴古往今来高僧大德的修行方法，万法归一，所有的修行方法都可以归结到一点：改变自己的心。心改变时思维方式也跟着改变了，而思维的变化会给我们的行为带来相应的变化，让我们转换自己的思考方式、处事方式，由此而修炼自身，成就自我。

古往今来的高僧大德都在向菩萨学习，大家耳熟能详的大菩萨有四个：大智文殊菩萨、大悲观音菩萨、大愿地藏菩萨、大行普贤菩萨。四位菩萨都立下宏愿，解除众生苦难，以不同的化身度人苦厄，分别代表着智、悲、行、愿四个方面。

大智文殊菩萨

文殊菩萨代表智慧，智慧指我们看待自己的一期生命所处的高度和境界，决定着对自己经历的一切所采取的态度，以及面对、解决问题的方法。佛教中所讲的智慧是般若智、无上智，何谓般若和无上智慧？一言以蔽之：缘起性空。也就是《心经》中所说的“色即是空，空即是色；色不异空，空不异色”。

凡是世间因缘促成的法没有固定不变的。譬如一张桌子，桌子由木头、人工、钉子、设计等构成，每一样各自都不叫桌子，只有它们有序地组合在一起才成为桌子，但是在成为桌子的那一刻起，它就开始不断走向衰败，终有一天，它会支离破碎，不复存在。

佛法所讲的“色”指物质，物质有两层含义：一为障碍，二为变化。一个东西放在这里，另一个东西就不能放在同一空间，此是障碍；就变化而言，世间所有的东西没有一成不变的，从桌椅到房屋到山河大地，再到我们的身体、思维等，概莫能外。

佛法的思想启示我们，看到一个东西的当下就要看到它的空性，《心经》云“照见五蕴皆空”，“照见”就是一种洞见，是透过现象看到本质的能力。空性便是缘起性空，是生灭、变化、流动、无常。

任何事物都符合这样的变化规律。将这一规律不断向外延伸，家庭、朋友、钱财、事业等生命中的一切事物、关系都在不断变化、流动不居。我们每个人出生时都是娇嫩柔软的婴儿，在逐渐的变化中成了现在的模样，每天又向着另一个模样在不停变化。

倘若一个人内心对家庭、事业以及眼前的一切变化不适应，产生了执着，就违背了佛教空性的思想，违背了宇宙的规律、事物的成理，也就没有了大智慧、般若智，就属于迷惑颠倒的众生，不能成佛。

既然世间的一切都在不断变化，既然无常才是真正的常态，又何必执迷不悟、目光短浅，不肯走出世俗的纷扰？一贫如洗也好，富可敌国也罢；声名显赫也好，寂寂无闻也罢；貌若潘安也好，平平无奇也罢。一切都不重要，因为这些终会过去，谁也抵挡不住时间向前演进的步伐。几十年后我们所执着或在意的一切俱成空无，如风而逝，飘然不可羁留。懂得了这个道理，那么眼前的争吵、怨怼、贪恋如何会放不下？

人活在世，难免会疑问：生命中最重要的是什么？虽然我的观点并不能代表所有人的观点，但是在我看来最重要的是对自己内心的修炼。生命的本质在于灵性的提高，修炼好自己的内心才能摆脱那些无谓的烦恼，让自己活得轻松自在，从而成就自己的生命，实现自我价值。

大智文殊菩萨告诉我们色的当下就是空性，空性的当下就是色法的生起，即“色不异空，空不异色”。一切事物都在流动、生灭、无常、变化中前进，正因为如此，我们才能适应不变，亦是适应时间所有的变化。

佛法不是宿命论，反而告诫我们命运掌握在自己手中。我们此生的一切，包括性格、智力、家庭等无不是过去所造成的，昨天的因造就了今天的果。所以若想明天结出好果，今天就要播下好因，把握当下才能面向未来，改变当下才能成就未来。

能够听闻佛法、明了缘起性空思想源于多年积累的福报，有了这个福报就要学会好好珍惜，否则就会前功尽弃。其实人遇到的所有问题都是自己的问题，与客观环境或对象虽然有着一定的联系，但它们并非主要原因。当我们遇到各种问题的时候，就要尝试着从自己身上找问题，因为一个巴掌拍不响，一切只有因缘和合才能发生，问题出现在谁身上就说明它与谁有渊源。

甲之蜜糖，乙之砒霜，对事物的解读和认识决定着处事的方式与结果。如果能找出自己的问题，改变自己解读世界的观念，一切就都能解决。不同的视角之下对事物有着不同的解读，好比一朵玫瑰，对人而言它代表爱情，对蝴蝶而言则是采集花蜜的对象。

一个身体不好的人一定是因为对自己身体的解读存在误区，也许是饮食不合理，也许是生活习惯不健康，也许是心态没有调节好。若要改变自己的身体状况，就要正确解读自己的身体，根据身体的需要坚持合理的饮食、健康的生活习惯、良好的心态，这样才能从源头解决问题，这是智者应该做出的选择。

人若想成为菩萨先决条件是有智慧，像文殊菩萨一样俯瞰人生、透视人生，如此才能走好人生的每一步。

大悲观音菩萨

观音菩萨是慈悲的代名词。

慈是予乐，即给予快乐；悲是拔苦，即拔除痛苦。

慈悲像清风、鲜花，像美妙的音乐，像见到了自己朝思暮想的亲人；慈悲是用柔软的心来解读世间，是包容、理解、博爱。观音菩萨被称为大慈大悲救苦救难广大灵感观世音菩萨，就像母亲，总在人们最危难的时候及时出现，给予我们最大的帮助。

也许有人对此会有所质疑，因为从来没有人见过观音菩萨，事实上我们所说的“观音菩萨”并非以佛教经典中那个手持玉净瓶、脚踏莲花座的大士形象，她幻化成我们身边某个人出现，帮助我们解决燃眉之急，也许就是我们的父母、同事、上司，抑或一个素不相识的人。而她的善举，可能是某人的一句话，可能是同事的一个微笑，可能是朋友的一个点子，可能是路人甲的举手援助，可能是医生提供的救命药丸，可能是警察的及时出现，甚至可能是我们自己脑海中的一个善念……

不要将对菩萨的认识停留在木雕泥塑的佛像之上，菩萨可以无处不在，千处祈求千处应，苦海常作渡人舟。

如果我们今天帮助别人一把，我们就是他人的观音菩萨，如果别人给我们一个温暖的笑容，他就是我们的观音菩萨。每个人都可以成菩萨，菩萨在生活中，更在我们自己的心里。

怀着菩萨的心念去面对世间一切，我们就会收获像菩萨一样的心境，会发现自己每天生活在极乐净土之中。《维摩诘经》中说“心净则国土净”，我们的心美好世界就美好，同理，心污浊世界就污浊。思菩萨之所思，行菩萨之所行，心也会像菩萨的心一样开阔、慈悲、轻安、喜乐。

保持菩萨的思想、行为不仅仅是在度化他人，亦是在培植自己的福报。《金刚经》中讲了很多培植、积累福报的方法。我们想要快乐，就要不断给予别人快乐；想要富裕，就要不断布施；想要得到别人的理解，就要不断去理解别人……种瓜得瓜，种豆得豆，想得到什么就要布施什么。

每个家庭成员都努力改变自己，回家主动做家务，尊敬、孝顺长辈，时常赞美自己的伴侣，夸奖自己的孩子，这样的家庭如何不幸福？但这一切的前提都是发自内心的真诚，而不是抱有目的之心去强求结果。

观音菩萨的慈悲是一个非常锋利的“武器”，可以化解世间一切问题；又是一把万能的钥匙，能够打开世人一切心结。如果我们有一天得到了这把武器，拿到了这把钥匙，就可以打开人生一扇生命之门，看到未曾见过的美妙风景。

向观音菩萨学习，就是要学会柔软、包容、耐心、净化，用自己的心境和气场不断影响身边的人，改变身边不好的氛围，使自己也生活在充满温馨、幸福与友爱的环境中。

大愿地藏菩萨

第三个是大愿地藏王菩萨。

地狱未空，誓不成佛，众生度尽，方证菩提，地藏王菩萨的愿力广大无边。如果一个人能够将自己的愿望与众生合二为一，那么他今后的成就肯定会无可限量。

我经常讲一句话：若想一滴水永不干涸，就把它投到大海中。如果一个人的价值与全人类的利益相符合，做任何事情都永远不会被时代淘汰。如果一个企业的愿景围绕着人类永久的需求来设定，那么这家企业就一定可以屹立不倒，这也是地藏王菩萨给我们的启示。

地藏王菩萨要度化无量无边众生，他的力量来自哪里？现实生活中我们想要搞定一个人都不容易，更何况地狱中那些形形色色的人？既然会在地狱待着，肯定是非常冥顽不化、坏习气重重的，地藏王能够将他们度化说明他有着独特的大智慧与大境界。其实地藏王菩萨并不认为是他度化了众生，反而觉得众生成就了他，这种思维才是真正的大布施、大境界。

如果身边有人不断打击我们，让我们感到痛苦，那这个人其实就是来度化、成就我们的，我们应该感激他，因为有了他，我们才会更强大，才会成长得更快，才会坚持自己不致迷失。一个给我们带来逆境的人，往往也会给我们带来巨大的蜕变，所以有时候我们可以与刁难自己的人化敌为友。不要把打击自己的人当作敌人，而要把他变成对自己有巨大帮助，能够给自己带来成长的善知识，就像孙悟空在太上老君的八卦炉里炼了七七四十九天，出来之后不仅没有灰飞烟灭，反而练就了火眼金睛。我们也要学会在逆境中蜕变、升华，锻炼自己强大的心灵和高超的本领。

对于修行之人而言，真正成就我们的常常是挫折，是逆增上缘。顺增上缘的力量未必很大，逆增上缘才能给予我们强大的能量，让我们拥有坚不可摧的意志和力量。

大行普贤菩萨

最后一个是大行普贤菩萨，普贤菩萨的道场在峨眉山。

第七章　菩萨心

普贤菩萨有十大愿：一者，礼敬诸佛；二者，称赞如来；三者，广修供养；四者，忏悔业障；五者，随喜功德；六者，请转法轮；七者，请佛住世；八者，常随佛学；九者，恒顺众生；十者，普皆回向。

如何理解大行？大行即一切修行付诸行动，也就是将我们听到、学到的东西付诸行动，由此改变自己的命运，使自己得到成长。普贤菩萨是最好的行动派，最有力的行动族。

一者，礼敬诸佛。我们所看到的佛像是表法的，无论泥铸的、木雕的还是金塑的，我们都应该一视同仁、一心恭敬。除了寺庙中供奉的佛像，我们还要恭敬、感恩生活中出现的每一尊佛，即那些给我们关爱、支持、赞美甚至打击的人，他们也都是佛。同时我们也要礼拜自己心中的那尊佛——自性佛。佛家养生最大的秘诀是每天冥想“我是一尊阿弥陀佛”，观想自己有无量光、无量寿，此时自己就是如来的化身。纯净无瑕，坚持下去就会远离痛苦、纠结甚至病痛。我们在口袋里可以装一面镜子，随时拿出来照照，观察自己像不像佛、是不是佛，笑得灿烂不灿烂，具不具备佛的三十二相，是遇到一点小事就气得面目狰狞、青烟直冒，还是笑容可掬、不被世俗的纷扰打扰。

二者，称赞如来。不仅仅是如来，任何一个人都需要我们的真心理解和大声称赞，因果相连，我们所付出的理解与赞美最终会回到自己身边。就像一个销售人员签下一个大订单，他可能认为是自己会吹嘘、口才好才谈成的，其实不然，是他以前种下的善因成熟了，所以福报现前，仅仅是以订单这种形式表现出来而已，如果没有订单也会通过其他途径来到他的身上，看起来是偶然，实则必然。

一饮一啄，莫非前定，因果一定是这样。种下一颗种子，它不可能很快就长成大树，我们今天之所以能够看到大树，是因为几十年前有人种下了它，所谓“前人栽树，后人乘凉”，我们受了前人的恩惠，也要为后辈留下一些福报。

未来的福报源于今天的积累，所谓“起心动念皆是戒”，这就可以从根本上防范自己种下不善之因而招致恶果。菩萨戒为最上乘的戒律，即心戒，做到心戒才能从根本上摆脱我执，一心为善。

三者，广修供养。广修供养即广种福田，我们要想尽办法去利益身边每一个可以利益的众生，对于佛法僧三宝更要发心去供养，如此才能获得殊胜的福报。

四者，忏悔业障。每个人都有自身根深蒂固的烦恼习气，有自己不可避免的业障。古人说“人非圣贤，孰能无过，过而能改，善莫大焉”，面对这些罪业我们能做的就是时刻反省自己，面对、改正自己的不足，安于当下、潜心修行。

五者，随喜功德。随喜功德指的是见他人积累功德要像自己积累功德一样欢喜愉悦。看到别人做好事，要赞叹、认同，予以肯定和鼓励；别人发财、升官、晋级时要学会随喜赞叹；看见别人布施，就要大声去赞美他。

六者，请转法轮。《金刚经》里说，如果我们把这部经书里面的一句话或者一个偈子说给别人听，让他理解，那我们的功德就会大过用三千大千世界无量珠宝和一切金银汇集起来去布施的功德。

七者，请佛住世。佛来到世间是为了开启我们的智慧，启发我们的光明，让我们活得不迷失、不痛苦。当我们看到一部经书、一碟光盘便把它们不断传递出去，就是在请佛住世，积累广大深厚的福报了。

八者，常随佛学。常随佛学就是要学习无量法门，无论是世间法还是出世间法都要学。佛教中有“五明”之学，指的就是一个人要学习各种学科，掌握各种知识。学习世间的各种学问可以不断增强自身的能量，能够更好地度化别人。

九者，恒顺众生。恒顺就是爱，就是理解，就是帮助他人，就是度化众生。度化众生最有效的方法就是通过自己的改变去影响身边的人，而改变他人的关键就在于自己的善心和善行。

十者，普皆回向。将我们所做的一切功德都归功于为别人的功德，所有的钱财都视为别人的钱财，自己不贪着、不据为己有，这才是真正的大布施，是空性的布施，这样的人必然是有大修行之人。

四大菩萨，四种愿行，大智、大悲、大愿、大行。我们依照这些方法去做，当下就能成为菩萨，将来也会位登十地。

若相信菩萨，我们便是菩萨；相信佛，我们就是佛。

第八章

十　愿

懂得赞美他人的人，其内心一定是柔软的。

第八章　十　愿

十愿即普贤菩萨的十大愿，又称十大修行方法，我们在上一章有所简单涉及，分别是礼敬诸佛、称赞如来、广修供养、忏悔业障、随喜功德、请转法轮、请佛住世、常随佛学、恒顺众生、普皆回向。

普贤菩萨心量如同虚空法界一样广大，而他的十愿每一愿都究竟圆满，值得我们深思、学习。

礼敬诸佛

礼敬诸佛中的“佛”指的是无量无尽的佛。

《妙法莲华经》中的常不轻菩萨在每个地方见到的

每一个人，无论善人、恶人，老人、孩童，都会对他们进行礼拜和赞美，他这样做是因为他把所有人都当成了佛。当一个人能把所有人当成佛来礼敬的时候，他必然也会受到所有人的恭敬和赞美，这样的人其实就是诸佛之佛。

当我们总是看到别人的缺点时，就需要静下心来思考一下自己的问题，为什么自己眼中只能看到缺陷，却看不到美丽？世间没有完美的人，每个人都有优点和缺点，但是人的优点永远多于缺点、比缺点更突出，一只雄鸡最漂亮的是它的鸡冠和羽毛，而他人的优点便像鸡冠与羽毛一样美丽而突出。

礼敬他人、能够发现他人的长处是向他人学习的前提，《论语》中讲，“三人行必有我师”，这句箴言便是在教我们学会谦虚、学会尊敬，我们想要安下心学习并有所收获，首先就要怀有一颗恭敬之心，放下自己傲慢的态度。

有许多人问我诵经需要做什么准备，是沐浴更衣、烧香三炷，还是要供上鲜花水果。我告诉他们都可以，这些都是表面形式，何种形式都无伤大雅，关键要看内心的礼佛态度，一切收获都来自恭敬之心，恭敬越多，收获就会越多。如果带着无限虔诚之心学习佛法，在这种氛围的感染下，在很短的时间内就能够产生巨大的变化。我们的变化和收获往往来自内心对外界的感知，心的容量决定了我们的承载量，内心封闭就不会有大的收获，礼敬他人也是心量大的一个表现。

我曾经参加过嘉兴佛教协会举办的一个讲经交流会，给他们做评委，交流过程中发现所有选手都有不足之处，如口齿不清晰、表情不到位、逻辑思维不强，等等。如果只看人的缺点，那么我的要求就实在太严格了，于是我就默默地告诉自己，要把心专注于他们的优点，努力发现他们的优点，赞美他们，于是我发现他们每个人身上都具有很多优点值得赞美推崇。作为评委，我的认可对于增强他们的自信有着很大的帮助。

新选手上台通常都会紧张，二十年前我自己第一次站在演讲台上的时候也像他们一样紧张，但是经过无数次的锻炼之后，即使面对几万人演讲也一点儿都不紧张了。我们看到别人演讲因为紧张而语无伦次时，最需要做的就是换位思考，给予他们最大的体谅和支持，而不是一味去指责、批评。一个总是看到别人缺点的人，其实是有“我”的问题，而这个“我”指的就是我见、我爱、我慢、我痴。问题得不到解决往往是因为我们自己过于关注自己的角色、放不下执念、打不开自己的思想和心量。

学佛的第一步就是礼敬诸佛，把所有人都当作佛，当作解脱者，通过礼敬他们而不断进行自我修行。

世上众生皆是佛，独我一人是凡夫。如果我们能够把别人当作学习对象，不断反省自己，消除自己不良的习气，就会发现这个世界十分美好。世界变得美好是因为心中有了喜悦，而发现别人的优点是内心喜悦的一个重要源泉。

每个人在世间都要历经几十载光阴，在此期间要给自己一个定位，然后根据这个定位去修为自己的人生。曾经有企业家朋友问我有关生命的问题，我告诉他，佛教考虑生命问题的方式与其他宗教不同，是通过死来看生的。人生的最终结果都是死，由死往前推，是老年、中年、青年、少年、童年，再到出生，有新的生命出生就肯定会有旧的生命逝去，人类的生生死死永远是这样一个轮回。人的一期生命只不过是一个或长或短的过程，当我们看清楚这个过程，理解了生命的规律之后再回头看生命中的一切问题时，心中便会豁然开朗。所谓物极必反、否极泰来，一个事物发展得再好，到了极致也会慢慢往下滑，而下滑到低谷时又会慢慢往上升，这是事物发展的规律，也是轮回的过程。好与坏、死与生只是一墙之隔，其间的道理需要我们慢慢去体会。

人若能时刻保持一颗恭敬之心，人际关系也会变得和谐，甚至可以化逆境为顺境。同样是与人共事，一个心胸开阔的君子即使受到怠慢也不会生气，而一个心胸狭窄的小人即使受到尊重也会处处为难他人。有一颗恭敬之心并不代表懦弱或者低人一等，反而说明我们的心胸开阔、境界高远。心胸是否开阔，心境是否豁达决定了一个人解读事物能否达到究竟圆满的境界。

我去拜访嘉兴佛教协会的同事时都会为他们顶礼，他们认为我作为协会会长给下级顶礼很奇怪，觉得根本没有必要，但我认为这是我应该做的，通过向别人礼拜而把自己的傲慢心降到最低，这个过程对于我来说是一种修行，也是我对于自己时刻保持谦恭之心的提醒。

礼拜别人，自身的成长也是飞跃性的。我的一个俗家弟子是一位优秀的商业培训师，他每次拜访我都要对我顶礼三拜，临走前也要拜三拜才走。他其实是个颇有成就的人，每次演讲都会聚集上千位知名企业家，我心里也非常敬佩他，但是他从来不抬高自己，总是把自己放在很低的位子，虔诚礼佛、跪拜出家人。这样的人难道不值得我们尊敬和赞美吗？

礼敬并非只是针对诸佛，每个人的本质都是佛，因此芸芸众生都值得我们去礼敬和赞美。

称赞如来

称赞如来即称颂和赞叹如来。

“如来”是佛的十号之一，无所来也无所去，故称如来。诸法空相，不生、不灭、不垢、不净、不增、不减，如如不动，这样的境界称为如来境界。

在打坐的时候如果能做到如如不动，不被世间一切所染，让心如一潭清澈的泉水一波不起，我们的头脑便会像镜子一样清晰明净，对自己的心思意念也会洞悉明了，我们的智慧也会随之而增加成百上千倍。佛教里面讲戒、定、慧，由戒生定，由定生慧，内心沉淀下来，很多以前解决不了的问题也就能迎刃而解，但这需要长时间的修行和训练。

“人赞人天清月明，人责人天翻地覆”“见人不是诸恶之根，见己不是万善之门”都是让我们常想理由赞美别人。一个人能想尽办法去赞美别人，他的心一定是很柔软的。如果我们身边有一个爱说别人坏话的人，应该想办法远离他，不然就会受到他的影响，变得同他一样爱背后嚼人舌根。他的世界观与处事方式就是这样，会在你面前说别人坏话，自然也会在别人面前说你的坏话。相反，一个善于赞美别人的人是值得交往的朋友，因为他眼中的世界是美好的，他会在我们面前赞美别人，同样也会在别人面前赞美我们，这样的人即使现在没有成就，以后也会兴旺发达。智慧之人懂得亲贤远佞，因为亲近小人自己也会变成小人，亲近君子则会被君子的芬芳所感染，最终变成谦谦君子。

我曾在微信上看到过这样一篇文章，名为《三十六种培养福报的富贵之相》，内容就是告诉人们要远离小人，亲近君子。亲贤远佞是一个基本的处世之道，许多人却做不到。人的习气中有喜欢评论是非、道人长短的部分，这种习气非常不好，一会给自己造业，二会断尽自己的善根，三会减少自己原有的福报。

用苛刻的眼光去紧盯他人身上的缺点，甚至去传播、嘲笑这样的缺点只会自降人品、拉动仇恨。而赞美一个人却是一种用最少的投入去换取最大回报的投资方式，比如 A 在 B 面前赞美 C，B 会把 A 的话传给 C，C 听到后会很开心，见到 A 时就会与他特别亲近，以后会继续同他分享好的事情，如此一来 A 便多了一位朋友，长期积累朋友会越来越多，路也会越走越宽。

人格培养是一个人成就事业最基本的前提。很多人平时会忽略这些东西，认为只要有能力就能成就事业，实际上能力在人的成就中只占很少的比重。一个把事业做得风生水起的人身上一定具有非常多的优点，因为成大业的人需要具备巨大的人格魅力，就像大的轮船需要深水来承载。

做事之前要首先学会做人，打磨自己的品质便是在提升自己的能力。品质与境界提升了便不会再害怕失败，只要全身心投入其中，然后细致思考、谨慎前行，不拖沓也不好高骛远，能做一点就做一点，慢慢去完成自己设定的目标，成功自然会如期而至。

广修供养

星云大师曾说，他每到一个地方都要买一点东西带回来，并不是因为他真的需要那些东西，也不是为了买来做纪念，而是想为那个地方拉动一点消费，这也是广修供养的一种方式。

有一次我去杭州上课，住在师弟开的茶馆里，有十几个来自全国各地的朋友到茶馆里喝茶，他们在楼上坐，我在楼下坐。他们喝完茶下楼结账的时候，其中有个人买了一套茶具，对我说："师父，这套茶具送给您。"我很奇怪，因为我们互不相识，他没有理由送茶具给我。他说："我和这里的老板只是一面之缘，但是我们这么多人来这里喝茶打扰了他很久，要帮他消费一点，这些东西请您收下，要是您用不上，可以转送给别人。"这件事情让我深有感触，一个人能有这样的布施之心，必定会有大福报。

四年前周一烽先生创建浙商基金的时候，他手下的一个职员对我说：“师父，一个人越在缺钱的时候就越要布施，越缺人手就越要把人送出去帮助别人，只有这样，才能解决自己遇到的一切问题。”我不解，那时候是我最困难的时候，当时我们的寺院正在建设，欠了很多钱，每天都有人来讨债，他跟我讲他的感受，我虽然也知道其中的道理，但是没能从内心深处真正明白，只是一头雾水。直到现在我才真正明白那句话的含义，一个人如果能够坚持布施，挣一千块便拿出一百块去布施，经年累月他整个人的气场就会慢慢改变，原来做不到的事情能做到了，原来想不开的事情也能想得开了。

《易经》中所讲的“厚德载物”便是这个意思，德是布施、给予，是一颗利他之心，是不断利益一切众生。有德之人会得到社会的尊重，做事时也会得到别人的帮助，从而收获成功。现在我不管到哪个寺院去，都会捐点钱供养那个道场，将自己的布施之心带到各处，如果能够感染他人便是我的功德，不能感染也是在给自己积累福报。

我在这里给各位读者推荐一本书《保富法》和一部电视剧《一代大商孟洛川》，这两部作品都在讲述布施，大家空闲的时候不妨一看。我在这里长篇大论讲布施的好处和重要性也许大家会不以为然，或许书籍与电视剧会带来更加直观的感受与启迪。

很多人认为这些道理是天方夜谭，不符合当今这个快节奏社会的发展规律，实则不然。《水浒传》中性情暴躁的李逵天不怕地不怕，整个水泊梁山除了宋江没人能制服他，宋江的外号是“及时雨”，常常救人于危难，正因为他懂得布施，做到了别人做不到的事才会如此受人尊重，让一百多位好汉都能心服口服。

一个人能成就多大的事业首先要看他能够润泽到多少人，总是把眼光聚焦在一些小事上就会寸步难行。我们想要自己的家庭幸福,就要照顾到家庭里的每一个人;想要自己的公司经营得好,就要惠及公司的每一位员工。佛学中讲,一就是一切,一切就是一,一粒灰尘可以展现无量世界,无量世界也可以归结到一粒灰尘。在人类眼中地球非常大,从太阳系或者银河系的角度来看,地球只不过是漂浮在太空中的一粒灰尘。可见大小并不是绝对的,所处的角度不同,看到的景象便不相同,得到的结果也就会大相径庭。

在我们看来人的一生已经足够长了,可是在佛的眼中所有人的生死只不过是无量生死中的一个点,今生这个点过后,还会有无量无边的生死等着我们。“无量”就像恒河中的砂砾一样,一颗砂砾就是一期生命,如果能够明白自己如同蝼蚁之躯、沧海一粟般渺小,用这样的心态来面对生活,那么我们也会收获无量无边的福报。

一滴水只有放进大海才不会干涸,一个人只有融入集体才能体现出自己存在的价值。当大众的想法就是我们的想法、大众的成就就是我们的成就时，我们的成就才能无量无边。所以我们所做的一切都要与芸芸众生融为一体，广修供养才能成就一切。

忏悔业障

想要消除生命中积累的业障首先要有一颗懂得忏悔的心，通过忏悔把心灵的污浊洗净，让心灵变得纯净，让生命充满光明和喜乐。忏悔是意念上的自我反思，我们的行为也要跟得上思维的脚步，用自己的切实行动去积累善行、消除罪业。

佛语云“诸恶莫作，众善奉行”，给别人一个微笑，顺手捡起一片垃圾、主动让出一个座位，每天行一点小善，时间久了也会形成无量的大善。我们的心灵像鲜花，不仅会装点世界，自己也能收获美丽。美国的一个知名模特说过："如果你早上出门忘记化妆，唯一可以补妆的只有微笑。"经常微笑的人往往会受到别人的欢迎，人的身体会衰老，皮肤会起皱，可是笑容却可以抵挡风霜与岁月的侵蚀，让年老的面庞看起来依旧优雅漂亮。

每个人的未来都掌握在自己手中，脚下的路也是自己一步一个脚印走出来的，所以自己未来的走向取决于每时每刻的起心动念，一个人的意识支配着他的行动，如果我们的发心都错了，又如何会有正确的方向可寻？一个人如果不能看清自己，可以尝试着分析一下自己身边的人，再去反省自己，"见贤思齐，见不贤而内自省"，无论是反省自己还是反思他人，目的都是消除自身的业障。

未来与现在息息相关，现在的行为决定着未来的去向。今天不积累恶，明天就不会业障缠身。

随喜功德

随喜功德是在赞美别人，同时也是在种自己的福田，随喜他人的功德，自己也会获得同样的功德。如果见不得别人好，一念嫉妒、恼恨，只会耗损自己的福报。

礼佛的时候，如果我们顶礼的是十方善士、一切诸佛，那么功德便是无量无边的，这些力量都来自不着相。

佛经里有个典故，达摩祖师来中国面见梁武帝，梁武帝问他："大师，我广修佛寺，供养僧侣，功德应该很大吧？"祖师回答："实无功德。"梁武帝不解，问他何故，祖师回答："武帝不知正法，造寺度僧、布施设斋是刻意而为，虽有福报，但无功德。"梁武帝问："怎样才算有功德？"祖师回答："以一颗清净心去做布施，为善而不贪、不痴，才能功德圆满。"梁武帝又问："圣人追求的最高道理是什么？"祖师回答："空空荡荡，并无圣人与非圣人之分。”梁武帝问：“那么坐在我对面的是谁？”祖师回答：“不认识。”

这个故事中包含的其实就是“三轮体空”的思想，所谓的三轮体空是一种无我、无你、无物的空性境界。无相的布施属于三轮体空，如此功德便是无量的，而有相的布施功德则是有限的。所谓的有相布施，就是有目的地布施，故事中的梁武帝就属于有相布施。一个人若能放下自己所做的一切，那么他的功德就是无止境的，这种功德才是无漏功德。

佛经里还有个典故，佛陀在世的时候，有个贫穷的妇女，身无分文，却把自己的头发剪下来卖钱，在佛殿里供养了一盏灯，每天晚上佛弟子吹灭佛殿里所有的灯，唯独那盏灯吹不灭，弟子问佛陀其中的缘故，佛陀说：“供养这盏灯的人以不着相之心供养了它，所以这盏灯是永远吹不灭的。”

作为一个平凡人，我们所能做的就是做了善事不去着相，一旦着相心里就会无端地生出许多烦恼，甚至会以怨报德。

以无相的心量来随喜功德才能积累真正的功德。

请转法轮

如来说法，一句一字都是从菩提心中流出，大众闻法，一句一字入耳，都转入心中而成为妙法。法布施的功德最大，把我们理解到的佛法告诉别人，让别人受益，便会获得无量功德。

如果有人听了一场佛学讲座，从中获益良多，并且因此改变了自己的人生，又把这些话传授给别人，让别人受益，使每一个众生都有机会成佛，这样的功德便是无止境的。一个人知道多少并不重要，做了多少才是最重要的，能否在其短暂的一生做出无尽的奉献，同他的观念与行为密切相关。

果宁师兄送给我一本名为《时间的财富》的书，讲的是如何把人一生中的空余时间积累起来，转化成财富。香海禅寺成立的爱心银行，其构想就是来自这本书中时间积累的观念。几年前我们寺院旁边有个敬老院，我每次从那里经过都能看见一些老人坐在门前晒太阳，从早晒到晚，什么也不做，当时我就想，这些老人完全可以做一些力所能及的事情，比如给生活不能自理的老人捶背、读报纸、唱歌或者送饭。老人如果不去做点什么，他们的内心会很孤寂，而帮助别人可以打开人与人之间的隔阂，增加人与人之间的感情，助人是一件快乐的事情。

这个思路还可以延伸出去，比如一个三口之家在空闲的时候可以去做点公益，把时间储存起来，等到家里遇到急事的时候，可以把难处告诉别人，也会得到别人的热心帮助。如今许多家庭都是独生子女，孩子的负担非常重，有的家庭一对夫妇要赡养四五个老人，总会有照顾不周的地方，如果老人之间可以相互帮助，就可以自己解决一些问题。

如果这种积累爱心的方式可以无限地推广出去，许多国际争端都可以和平地解决。如果人与人、国家与国家之间的友善、关怀、慈悲扩散开来，渗透到生活中去，很多问题就可以得到解决。

当下，全世界都提倡慈善，许多人也亲身加入了做慈善的行列，但是现在大多数慈善行为以捐款捐物居多。如果我们换一种方式，以投入时间的方式来做慈善，也就是每个人自己为自己做慈善，那么它的受益面将是无比巨大的，这样做虽然不能在短时间内兑现成回报，但是一定会在某个时刻千百倍地回报给我们。

中国传统的民居是四合院，几个家庭共同居住在四合院内，由于离得近每天都能见面，许多事情自然而然地就帮忙做了，这就是一种很好的互助互利的方式。现在是网络时代，互助互利的范围不再局限于小小的四合院内，无量的人都可以加入到这个行列，这就是一种时间的投资。今天的投资总有一天会得到收获，如果每个人都这样做，这种慈善方式就变成全民性的了。起初做这种慈善的时候可能会遇到很多问题，但是只要迈出第一步，就会有第二步、第三步，越到后面就会走得越顺畅，这样下去就会慢慢积蓄成一股强大的力量。

请佛住世

一切众生本来是佛，是心作佛，即心即佛。众生心净，见佛常住，众生心垢，见佛涅槃。佛是一位智者，我们要怎样去亲近智者，怎样让智者来到我们身边，怎样让身边的人变成智者，这是请佛住世的真正意义所在。

人的一生一定要有几个比自己卓越的朋友，将他们作为学习的对象。大家可以通过参加读书会、禅修班等学习团体来结交朋友，参加这些团体的人不会单纯为了娱乐，往往是想要通过进一步的学习来提升自己，追求内心的丰富。想要时时提升自己的人才是值得我们去交往的，而这种向更好、更高明的人看齐的意识就是请佛住世的一种表现。

可是有时几个人同样去亲近一个好老师，为什么有人有成就，有人却没有成就？有好的老师指导却没有成就，那是因为自己的私欲没有放下，妄想、分别、执着之心太重，虽然有好学之心，但最终也没能排除我执，没能让自己的心给真理腾出空间。所以请佛住世的同时，自己一定要修行好功夫，不起心、不动念，以一颗清净圆满的心来向佛学习。

常随佛学

我们要将佛作为学习的榜样，始终不变。“活到老，学到老”，要不断学习知识以提高自己的修为、能力，不断学习佛法以提高自己的思想境界。

学习的方法有很多种，向老师学习、向书本学习、向身边的朋友学习、向天地万物学习，其中向万物学习最为重要。古代的很多圣贤，如孔子、墨子、老子，他们的老师都是天地万物，都是最原始、最朴素的大自然。佛陀也是这样，佛陀讲过，他所觉悟的是宇宙万物本来就存在的道理。道理是客观存在的，人们所做的只是去发掘它、学习它。“纸上得来终觉浅，绝知此事要躬行”，亲自体验、亲自向世间万物学习，我们的感悟、领会、收获便会与众不同。

春夏秋冬、生老病死、成住坏空，这一切轮回流转都是相同的，万事万物存在的道理与我们人生存在的道理相同。越肥沃的地方越能长出大树，越贫瘠的地方越是寸草不生，世界上许多大城市都沿河建立，原因就是那些条件恶劣的地方不适宜人类的生存，没有发展成为一个大城市的条件，而那些水路交通方便、人口集中的地方则最容易发展成大城市。

成就一件事需要具备各方面的条件，首先要做的是吸收各方面的知识汇集成自己的力量，打开思路，思想才能变得通达，才能看到世界万物共通的一面。学佛并不意味着否定其他宗教，甚至也要向它们学习，我们还可以向哲学家、政治家、艺术家学习，以丰富自己的思想，开阔自己的思维。

向他人学习并不会失掉面子，能一辈子当学生的人是最了不起的。正如苏格拉底的那句名言“我永远觉得自己无知”，人应该有这种认为自己无知的心态，才有不断地去学习和探索知识的动力。

恒顺众生

众生的需求是我们努力的方向，一个人如果能把自己的人生目标定位在成就一切众生上，那么他的人生成就也会不可限量。

我经常同一些企业家朋友交流，如果企业能够满足客户的所有期待，将解决客户的问题作为自身发展创新的动力，事业必然能够蒸蒸日上。人是在利益众生中成佛的，没有众生不可能成佛。一个企业家的价值在于他解决了客户多少问题，一家之主的价值在于他解决了家庭多少问题，一个人的成就在于他为别人考虑了多少，而不在于他自己有多少才能，即使想通过才能体现自己的价值，这一才能也要给他人带来利益才行。

恒顺众生要求我们所做的一切事都有利于众生，都能够让他人受益，带着这样的心态去行善才能够积累自己的功德与福报。

普皆回向

菩萨做一切功德，都是为了众生，真正做到了专门利人、毫不利己。经文中说："愿令众生，常得安乐，无诸病苦，欲行恶法，悉皆不成，所修善业，皆速成就。关闭一切诸恶趣门，开示人天涅槃正路。"不贪恋功德，不居心自傲，把自己放在最卑微的位置，便是圣人之举，无人能够超越了。

普贤菩萨这十大愿其实是相通的，无论哪一条，只要我们用心去修行都会受益匪浅。动力来自自己的内心，认真去实践，人生将发生翻天覆地的变化，如果不想改变，只能一直在原地踏步。

第九章

光 明 心

礼佛并非简单的跪拜，最重要的是通过礼佛观照自己。

第九章　光明心

禅修即修行，修行主要包括以下几个方面：其一，忏悔过去的业障；其二，培养自己的福报；其三，向着自己希望的目标发展。

“人身难得，佛法难闻”，每个人来到世间都并非易事，听闻佛法更不容易。佛经中有这样一个比喻：一只瞎眼的乌龟漂流在大海上，恰好有块独孔的木头漂过来，那只瞎眼的乌龟无意间将头从这块木头唯一的孔里钻了出来，一个人能闻到佛法的概率正像这只在汪洋大海中的盲龟钻入木孔一样微乎其微。

每个有机会听闻佛法的人都有着无量劫以来殊胜的因缘，我们能够接触到佛法首先要感谢自己，感谢自己所种下的福田，因而要珍惜自己所遇到的难得因缘。

人总是容易轻视已经得到的东西，如果得来不费工夫便不会放在心上。不懂得珍惜是一种业障，亦是福报浅薄的表现。许多事情看起来轻而易举，实则需要众多和合的因缘才能成就，这些都源于我们自己的福报，只有更用心地修行，才能守住福报并回馈给予我们福报的人。

大修修于世，小修修于寺，修行不仅仅局限于寺庙，更应该在生活中进行锻造、修炼。

修行无处不在，一句温柔的安慰、一个善意的微笑、一个帮扶的动作，再小的举动都可以是修行。有人将修行的范围划分得十分狭小，认为只有念经、打坐才叫修行，实际上念经和打坐只是修行的一种方式，念经、打坐是为了摄心，为了使自己的心处于清净、无染的状态，但真正的修行远不止如此。

修行的目的之一就是给周围的人带来善因，但是修行不能急于求成，需要循序渐进。大家可以尝试着先从自己最亲近的家人开始，譬如以前同父母说话总是不耐烦或者带着怒火，与他们生气、吵架，也从来不做家务，修行之后则变得沉静、善解人意、不急躁，还会做力所能及的家务，给他们减轻负担。改变自我以感染他人，让别人看到了我们修行后有进步，内心发出由衷的赞美，我们便在他人心中种下了善因。

学佛没有学到精髓，却总是用一些高深的佛学名词显示自己造诣颇深，还指责别人不懂佛法，并且因为自己不当的言行，给身边的人留下造口业的机会，这是一种恶缘。恶缘不能种下善因，只会起到大相径庭的作用。

真正的学佛者一定会恒顺众生，对不学习佛法、不懂佛法的人不强求也不鄙夷，能够包容他人的缺点。真正学佛的人就像水，可以根据外物的改变而变换自己的形状，却永远不会改变自己的本心。学佛者要尽己所能给别人“好”，不能给别人一丝一毫的“坏”，更不能指责正在改变中的人们。

修行是要不断地进行自我反省、自我观照，“求之不得，反求诸己”，当我们不能改变对方的时候，就要学会改变自己。观音菩萨以慈悲之心恒久地观照一切众生，慈悲心就是同体大悲，无缘大慈。别人的喜怒哀乐自己全部能够感同身受，并且用每个人最容易接受的方式给予他们真正的帮助和关怀，如此才有成为观音菩萨的可能。

观音菩萨的精神与特质并不是瞬时的显现，而是恒久地存在、观照和呵护。怎样才能把这样一颗心在自己身上恒久地体现出来？这需要我们通过恒久修习，从生活中一点一滴做起，关注每个当下，保持正念、善意以及对人类的爱，发大菩提心去帮助他人、利益众生。

修行从本质上说是对我们世俗观念的反叛，人原有的观念和趣好是财色名利、名闻利养，这些是人之大欲、人之所求，但真正修行之人却能视之无物。

俗念与修行如同水火不同器，二者不可兼得。也许有人会认为修行完全是苦差事，修行之前就会害怕、退缩，不敢前进。其实能否坚持下来取决于我们内心的笃定程度，如果我们真的想认识万物的本质，体验究竟圆满的人生，走出利益众生的光明大道，就只能斩断俗念、消除我执，苦身修行。

其实修行并不是一味吃“苦”，如果我们断了世俗的欲乐，进入到法喜的自如和轻安，这时所获得的欣悦就绝非世俗的快乐可以比拟了，故而修行乃是修自己内心那份清净与喜乐，那份自在与豁达。这些都建立在空性的基础上，要从这样的高度去看待宇宙间的一切，如果我们的内心还会对某些问题纠结、不舍，那份自在也就不可能生起，究竟圆满的喜乐也不可能光临。

修行要时刻关注自己的状态，审视自己是否陷入了纠结与烦扰的情绪之中，心量是否打开了。修行是否顺利与一个人出家还是在家并没有必然的联系，出家有出家的问题，在家有在家的问题。人并不是一出家五欲六尘就能立刻了断、清净，所谓的六根清净、四大皆空都要通过修行才能获得。

曾经有个老板打电话向我诉苦，说他的店经营得不好，自己的孩子不听话，又与结发妻子离了婚，现在的生活很纠结也很郁闷。我告诉他是他的心出了问题，如果心是纠结的，所做的事情便都会纠结，心中的纠结得不到解决，生活便会一直混乱无序。因此，最重要的还是修炼自己的心，心沉静下来、变得简单，看待问题的方式也会随之变得单纯直接，如此才能获得平静、安稳的生活。

我们在礼拜佛或观音菩萨时，如果只是一味去拜，甚至把他们当作偶像，却没有用他们的状态来观照自己，便偏离了礼佛的本意。佛教是所有宗教中最与众不同的，它不讲迷信、崇拜，而讲觉悟。佛陀终其一生其实是一个教育家，他告诉每个人都可以成为他，和他平起平坐，从未自认为是世上唯一的真主，也从来没有宣称自己至高无上，不亲亲亦不仇敌。佛陀布道传教的本意和唯一希望是每个人在领悟他的思想后，同他一样得到究竟圆满的解脱。

我们在学佛的过程中应该理解佛的这种慈悲、智慧，并以此来观照自己，以指导生活与心灵。如果我们不能观照自己，生活、工作、情感，等等，随时都可能出现问题。

修行首先要把心打开，打开心的疆域就能成为自己的国王，如果我们的心像宇宙一样大就能成为宇宙之王，再向更大的范围扩展就是无王之王，任何事物都不能限制、束缚我们。此时我们身心自由，已超脱了十法界，也就成了佛。

心没有打开，在生活中遇到事情便会不自觉地指责别人、抬高自己。真正的修行不是找别人的错处，而是观照自己的正误、得失。“若真修道人，不见世间过”，这其实非常难做到，但难才是修行，修行就是要超越自己的习性，如果只是顺性而为，虽然很舒服，却无法达到修行的目的。我们想要顺遂的是自己的习性，而修行修的是自己的本性，本性不是积重难返的习性，而是清净无染的自性。

六祖慧能在悟道时说："何期自性，本自清净；何期自性，本不生灭；何期自性，本自具足；何期自性，本无动摇。"这就是人的本性，也可以说是般若实相。我们在学佛的过程中可能对般若实相有所了解，却进入不了那种实相，也得不到它的受益，原因就在于我们没有办法证得，没办法证得的时候，做什么都会有障碍，而想要证得就需要长期、认真的修行和积累。

修行的最高境界是能够进入物我合一的状态，与万物融为一体。香海禅寺的大殿上有块牌匾，上面是四个大字"一真法界"，进入这种境界我们就能生起一切、运化一切、通融一切、圆满一切，做企业可以运筹帷幄，种地可以五谷丰登，带兵打仗可以凯旋，治理国家可以国泰民安。

进入“一真法界”并没有什么窍门，唯一的方法就是不断修行，无论是否为佛教弟子，只要潜下心都能够达到这个境界。明代著名思想家王阳明本是个文人，却样样在行，带兵打仗能够以弱胜强，为大明王朝多次平定叛乱，救世安民；治理国家效果卓著，得到了百姓的拥戴；勤学好思成为心学的集大成者，影响遗及千古。他之所以会有如此的成就，是因为他已经证道，进入了事物的本体，即佛教中讲的般若实相，故能物物相通、事事相通。

如果我们能进入到念佛三昧，与观音菩萨合而为一，进入到内心，生起如来心，进入到法身就是我，我就是一切，一切自在的状态，就能达到无能无不能、无有无不有、无得无不得的境界。

度化别人也是一种修行。只度自己最多成为阿罗汉，而度化别人却可以成菩萨，甚至成佛。菩萨是佛的因，佛是菩萨的果，想要成佛就要想尽办法度化一切众生，以菩萨的大悲心去摄事。

其实度化一个人并不容易，比度化自己困难许多倍。所谓“自立立人，自达达人”，如果我们自身的能量不足、境界不够，就很难度化别人，菩萨之所以能普度众生，是因为她自己先达到了。如果自己的心胸都很狭窄，即使想要帮助别人打开心量，又如何去做呢？想要帮助别人学会放下，也只有自己心无挂碍时才能生起万法，从而达到目的。

度人的过程其实也是自利利他、自他相化的过程，是在学习中成长、在成长中学习的过程。《观世音菩萨普门品》中说：“应以何身得度者，即现何身而为说法。”想要度化一个农民，先要了解种地、施肥、收割的过程，这样才能和农民有共同语言，才有了度化他的可能性；想要度化一个科学家就更不容易了，天文地理、物理、化学就都要懂一些。实际上度化别人的同时自己的能力、知识也在增长，对自身会有很大的提升。从这个角度讲，我们度化别人的同时自身也在被别人度化，就类似于物理中作用力与反作用力的关系，二者相伴相生，并不能截然分开。

度化别人其实就是在度化自己，帮助他人也是在帮助自己，所以要学会对别人施以援手，遇到问题不退缩、抱怨，而是感谢别人给了自己一个自我提升的机会。面对那些不断打击我们、给我们制造麻烦甚至让我们苦恼乃至痛不欲生的人，我们不能诅咒、憎恨，因为他们是我们的逆增上缘，是检验我们修行成果的试金石。就像爬坡的时候虽然最费力，但也是增强、锻炼腿力的最好时机。

一位做园艺的朋友有盆罗汉松，两条枝干一条很粗壮，另一条很瘦小，看起来非常不和谐，影响整体观赏效果。于是他买了个电动机，用绳子将那条瘦小的枝干反复拉起来再放下去，通过长时间锻炼，这条枝干就慢慢粗壮起来了，并且最终达到了他理想中的状态。

人的修行也是如此，不断强大自己、超越自己才能变得身心强大、意志坚定。我们每天礼佛的时候都要观照自己，以佛菩萨的智慧、心胸和境界去处理自己遇到的一切问题，顺境逆境、风雨彩虹都走过来，成功失败都品尝过，才会有很强的适应环境的能力。

修行要落实到生活中的每件事情上，不要认为修行就是修行、礼拜就是礼拜、诵经就是诵经，一定要与生活联系起来，在生活中通过观照与觉醒反摄修行，这样每天才会有进步。

一个人对别人产生悲悯之心时，他的内心是清静、柔软、光明、包容的。我们要以此来观照自己，自问内心是否具备这些素质，如果不具备就努力去修行。

修行首先要有正确的知见，内心有坚如磐石的信念，就算世间行善不被理解，作恶反而落得掌声，自己也要坚持。

读者们也许知道我所住持的香海禅寺几年来经历了长久的建设过程，在寺院建设的过程中外界一直存在着各种各样的声音，有人认为我们出家人应该一心向善，与其花大价钱建寺院，还不如用来做慈善，接济孤儿、扶贫捐款，还有许多说法在此就不再一一列举。我们能够理解大家对佛寺的关注和关心，也理解这些提出意见和建议的人们良好的初衷，但如果我们总是受别人言语的影响，就很难做成一件事。其实一个人做事，无论怎样都会有人议论纷纷，俗话说“当你大声说话时有人说你，当你小声说话时有人说你，当你沉默不语时还是有人说你”，其实认定了正确的方向，就应该坚持走下去。如今香海禅寺香火旺盛，我们利用寺院的许多便利、优势和影响力可以去帮助、利益更多的人，让人们领会佛法的精妙，成就大众的人生，最终不仅没有违背佛学理念，反而功德无量。

王阳明临终前说了两句流传千古的话：此心光明，

亦复何言。这是他的人生结语，也是人生总结，其意含隽，值得借鉴。

“此心光明”分两个方面：第一，此生所走的道路是正确的，即大方向正确；第二，自己所做的每件事都无愧于心，即具体细节也是正确的，不昧于心、不愧怍于自己。

无论藏传佛教还是汉传佛教都很重视光明心的修持，藏传佛教中将释迦牟尼佛称为大日如来，表示如来像太阳一样光明、伟大，充满能量。

光明心可以总持人的一生，追求光明正大就远离了邪恶阴暗，内心充满慈悲就远离了冷漠，充满宽容就远离了狭隘，充满清净就远离了污浊。如果我们的一生都是光明的，都是这些正面元素在生命圆周表中排列，那我们所迈出的每一步都伴随着智慧与真知，我们未来的路也一定是通向佛法的正道。

当我们的内心充满清净、慈悲、喜乐的时候，就不可能堕入三恶道，因为我们的频率与之不相应；当我们的内心充满贪欲、邪恶、嗔恨、愚痴的时候，便会进入与恶相应的频道，受到相应的惩罚。

我曾经为幼儿园的教师讲过课，告诉他们若想做一个好老师首先要使自己的内心充满爱，让自己成为爱的化身，成为佛教中的观音菩萨。这里所说的“爱”就是佛教里讲的慈悲，慈悲能改变、融合一切，创造奇迹。

佛教中有这样一个故事：有一个人通过修行证得了阿罗汉果，他的威仪、举止便成了所有人的模范。有一天这个阿罗汉出去托钵乞食，一个小孩子见了他就拿石头扔他。他回来后问佛陀缘故，佛陀告诉他：你在往世中曾经伤害过人家，所以这一世他见了你就不舒服，才会拿石头扔你。无始劫以来种下的因，到了今天才会得到这个果，即使证得阿罗汉也逃不过。

以佛的神通都改变不了因果、消除不了业力，何况凡夫？如果菩萨能改变因果，消除业力，只要对我们芸芸众生施展一下神通就能快速免除我们累世修行之苦，让所有人瞬间成佛，菩萨不必再费力度化我们，我们也不必花费时间修行，何乐而不为呢？

事情永远不会像我们所希望的那样简单。修行从本质上也是改变因果，但这种改变是从因地上改变，不是从果地上改变。从种子、源头进行改变，种下瓜自然得瓜、种下豆自然得豆，种善得善、种恶得恶，这是符合自然规律的。可是如果种子已经种下，再想改变就会十分困难，种下西瓜后悔了，想通过修行把西瓜变成豆子，这样异想天开无疑是违背自然规律的，注定不能实现。

修行是从根本上修正我们的行为，是塑造一个全新的自己，过去已经种下的业障并不会因此而消失。未来的路就在我们脚下，最终能够走向何方则取决于我们的修行成果。

修行最有效的方法即是观照，我们要对自己常行观照，遇到问题也不要苦恼惊慌，要从容地面对它、接受它、解决它、放下它，最终才能走出逆境，走向究竟圆满的人生。

读者们通过阅读佛学书籍对于佛法一定会有所了解、认识，如果我的书能够在大家心中播撒下善念，那么我的福报便不浅了。同样，如果佛法精深能够在大家心中扎根，并且在实际生活中得到运用与践行，给自己的生活和未来以正确的引导，那么大家的福报也会非常深厚。希望每一个人都能够获得这样的福报，借助佛法成就自己圆满的人生。

第十章

平常心是道

宽容是人和人之间必不可少的润滑剂，是一个人气质涵养、道德水准的自然流露与体现。

第十章　平常心是道

人们在没有接触禅的时候往往觉得它高深莫测、神秘无比，需要有高超的品德和修养才能谈及禅机。事实并非如此，如果真正了解禅就会发现它其实是一个非常简单的概念，古德高僧曾说过“运水劈柴是禅”，生活中最普通的吃饭、睡觉、走路都是禅。

参禅又叫冥想，闭目端坐、凝神沉思、身心宁静、思绪沉淀，这时候内心便会感觉到一种奇妙的愉悦与轻安，涌起平常无法想象的快乐，可以真切体会到身心与宇宙万物合二为一的感觉，难以用语言形容，只能用心去体会。禅就是通过修这种“得意忘言”的境界，让我们改变自己的身体、个性、思维以及生活。

禅还可以解释为静虑。静者，宁静；虑者，过滤。合在一起也就是宁静地过滤。为什么要过滤？因为我们的思想中有杂质。人只有静下来后才能看清事物的本质，“水清犹明，何况精神”，人想要“明”，想要处于清明的状态必须先安静下来，安静下来后就会发现很多事情的处理方式是欠妥的，很多行为其实是多此一举。我们安静下来才能科学地、理智地过滤自己，去芜存精，给自己的灵魂一次净化、思想一次提纯、人生一次抛光。

“宁静地过滤”在现实生活中十分重要。当我们遭逢痛苦矛盾、纠结烦恼，就需要平静、安静下来，好好想一想自己痛苦、纠结、灰心丧气的原因，也许到最后会发现大部分痛苦都源于自己。

既然苦痛是自己造成的，改变也只能从自己开始。

许多人认为赚很多钱才算成功、才是幸福，能够一挥千金、风光无限、纵情享乐才不枉此生；或者认为当上大官就是成功，可以人前显贵、手执权杖、无所不能。

这样的想法说明心已经为万物的诸相所蒙蔽，“只在此山中，云深不知处”，只看到了事物的一面，却没有看透事物的本质。其实富贵有富贵病，当官有闹心病，富贵的人身心不一定自在，拥有越多的财富从某种程度上来讲也会有越多潜在的灾难，而位高权重的人一旦误入歧途，从高处跌落一定会粉身碎骨。但这并不是说富贵和权力就一定不好，会遭遇灾难，只是以此为例说明事物并非表面看起来那样简单。生活中遇到其他问题的时候也要全方面地剖析问题的本质，在人生的旅途中更应该好好修道，看破诸相才能扎实地走好人生的每一步。

禅修就是让我们不断觉醒，找到最适合自己的生活方式。如果我们无欲无求、知足常乐，即使每天只吃一碗白粥也会很舒服，无论是上班、下班还是睡觉，时刻都能保持一种愉悦状态。保持愉悦状态，做每件事便都会轻松自如，能力就可以超常发挥，最终的结果也会超出自己的期许。

在生活中要找到让自己回归原点、回归平静、回归处子之心的方法。所谓处子之心就是平和之心、无污染之心，婴儿看到的世界是无染的世界，就是因为他没有是非分别之心，心清净又光明。禅修便能起到这种阶梯的作用，引领我们复归婴儿的状态。

静虑还能解释为“独一静处，专精思维”。现在社会上很流行开发潜能，挖掘自己70%的潜能所需要的状态就是“独一静处，专精思维”。总会有人问我在建设香海禅寺的过程中是不是吃了很多苦，可是什么是苦呢？每个人对苦的衡量标准不同，我们很难给它一个明确的定义。有一次我到南昌讲课时延误了登机，与主办方协商不妥，只能按时去上课，费尽千辛万苦终于找到两位愿意开车跨越三个省送我去上课的出租车司机，最终在离上课只有十分钟的时候赶到了现场。一整晚不眠不休，没有吃早饭，还要上三个小时的课，这种情况一般人肯定会叫苦连天，但我觉得这并不苦，因为我能够做到“独一静处”，让自己的心安静下来，思维沉淀下来，激发出足够的潜能以兑现自己对别人许下的诺言。

一位作家说，“生活怎么创造我，我就怎么创造生活”，做什么事情都要用心把它做好才能对得起自己的付出与努力，才能体现出自己的价值。当然这种价值只是一种短暂的体现，不能把它认为是一种永恒，因为世上本无永恒的东西，我们自己也不例外。

了解生命的真相，把握事物的本质，学会放下，这样的人才能洒脱自在。用一个固有的观念把活性的精神框住是在画地为牢。人有无限的潜质，人生也有无限的可能性，很多时候我们想象中的那种状态并不是最好的状态，只有慢慢走、慢慢做，一路行走下来才能做到极致。所谓宇宙的真理、活着的真正意义、万物的法则等，都没有一个绝对的标准，就像我们通常会很羡慕升官、发财的人，但自己未必能够胜任那些角色。所以还是要安下心来，将自己的角色用一颗喜乐之心演绎到最理想的状态，也是最佳的状态。

禅修能够帮助我们找到自己的理想状态，学会走自己的路。他人的道路与方法不一定适合自己，跟在他人身后亦步亦趋，跟着他人的见解人云亦云，往往会迷失自我。

任何事物都存在多面性，我们为何只看一面，不顾及其余？当我们勉强自己去做不能胜任之事的时候，会发现那些其实并不是自己想要的。一个人想要活得有意义，就要寻找自己能做的事，把自己的事做好，完成自己的职责。很多人都认为如果我经营一家企业一定能做好，但只有我自己知道我从来没有这样的想法，也没有这样的需求，我只做自己能做想做的事。一个人活得明白很不容易，扮演好自己的角色更不容易，何必再去做无谓的尝试，自讨苦吃？

不必艳羡他人，扮演好自己的角色最重要，那么如何才能扮演好自己的角色？

我在这里用最简单的打扫卫生来举例。打扫卫生并不困难，认真就能做好，马马虎虎应付差事虽然有时候也能够交差，但是这个人就会给人以邋遢、拖沓之感。真正能够扮演好自己角色的人一定是认真、仔细、执着的，假设他打扫的是一间教室，他不仅会将地板拖干净，还会把座位排好，甚至会根据听课者的年龄状况对座位进行调整，围绕着这种思路不断延伸出去，他将领导所关心的事情全都想到了，这种人就是人人都喜欢的人才。

真正的人才即使被安排去扫地也不会把它视为一件很容易或者很低贱的事，而是会尽全力去做，把它做到最好。每一件小事都能够做好，慢慢就会有重要的事情交给他去做，一直保持这样的心态做事，职位也会顺利上升。想领导之所想，急客户之所急，这样的员工任何公司都需要，这样的人才也才能称得上是真正的人才。

做事认真也是长久保持清净心的结果，心里面越清净，想得就越周全，做事也越高效。倘若心不清净，势必活得迷迷糊糊、得过且过，做任何事情都会被人赶着走，没有工作积极性，也没有任何快乐可言，长久处在一种被迫做事的状态。有人曾经拿好的航班空姐同不好的做比较，最大的区别就是不好的空姐只是走工作流程，是被动地工作，而好的空姐在做好本职工作后就会在机舱里缓步行走，自己找事情做，帮乘客解决一些力所能及的问题，比如为睡觉的人关掉灯、盖一条毛毯，是主动的工作。被动做事和主动做事，会有完全不同的结果，即使同为空姐，受欢迎程度、乘客的评价也会不尽相同。

还是用我自己来举例，许多人不理解我一个出家人为何如此劳苦奔波。其实我只是在为我们这个时代做一点力所能及的事，我自己的能力允许，做的事又可以利益大众，何乐而不为呢？和尚就是我的职业，我所要做的就是把这个职业做得更好、更圆满。

人要活得明白是件不容易的事，何谓“明白”？就是在我们这一期生命里所做的每一件事，都要预想到其最终的结果。比如做生意或者结婚，其实二者都属于风险投资，付出之前每个人心里都希望有所收获，或在生意场上大赚一笔，或与心爱的人终生相依，可有时候会事与愿违，结果更多是亏本和败北，或事业失败，或婚姻不幸。所以，在付出行动之前我们就要想明白可能出现的后果和自己的承受能力，想明白了，无论处于人生的高峰还是低谷都能微笑着坦然面对。

世事多变，名闻利养早晚会成为过眼烟云，功成名就、飞黄腾达也没有必要忘乎所以、狂妄自大；谋事在人，成事在天，屡受挫折、一败如水也要一笑置之。在开始行动前就有了细致、周详、通透明白的考虑，对任何结果都有了预测和预期，那么无论成败便都不会执着。

我们在空闲的时候不妨爬到高山之巅去俯视大地、骋目远游，感受宇宙之浩大、生命之渺小，也可以找个黑暗的地方，把自己关在里面几个小时，真正在黑暗中体验自己的内心，修炼自己的内心。

可这些似乎被人们忽略了，很多人在空闲时间里选择玩手机、看电视、聊八卦新闻，或者是去喝酒、跳舞……一方面希望自己的寿命尽量延长，另一方面却每天都在浪费自己的生命，用毫无意义的事情排遣寂寞时光，如果每天这样行尸走肉般生活，不去追究生命的本质与意义，就算活到100岁又会有什么价值，20岁与100岁又会有什么区别？

一个人存在的意义不在于自己享乐多少，而在于能够有益于他人，给别人带来方便、帮助。如果我们每天都给别人制造麻烦，让别人感到很痛苦，只会成为社会的累赘，甚至是毒瘤。

人活着的目的和意义其实取决于自己的人生观、价值观和世界观，我们对人生和世界的解读决定着对自然、社会、人际关系、人生价值等事物的解读。在解读过程中一定要有追根究底寻求答案的精神，这样才能在解读的过程中得到蜕变，生命才会向更高的层次发展。

第十章　平常心是道

人生就是这样一个不断地自我修行、自我蜕变、自我成长、自我圆满的过程，我们每个人都要修炼自己的内心，找出生活中问题的所在并加以解决，通过慢慢调整，最终达到自己的理想状态。

这一过程中会遇到各种各样的艰难险阻，未来的路其实是最艰难的，以下几点建议希望能对迷茫在路上、跌倒在路上、踌躇在路上的人们有所帮助。

第一，要让自己的心量像虚空一样广阔。

我经常打这样一个比方，当我们的心像水杯一样大的时候，一粒沙子扔进去都会激起涟漪；当我们的心胸像大海一样浩瀚的时候，航空母舰丢进去都没动静；当它像虚空一样无限的时候，就算将地球、银河系都放进去，也会照样运转不息、毫无阻碍。如果一个人能够让我们生气、纠结，就说明我们的心还是像杯子一样大小，古人云“宰相肚里能撑船”，身处现代的我们最好在自己的心里面开个飞机场。

曾经看到过一个笑话，讲的是父子两个性子都极倔，不肯容让人。一日父亲留客人吃饭，让儿子进城买肉，儿子买完肉后刚要出城门，恰巧一个人从对面走来，于是两人各不相让，对峙起来。半天过去了，父亲在家等不及前来寻找儿子，看到正在较量的两个人心中大怒，对儿子说：“你把肉拿回家去，让我和他在这里对峙到底！”

这个笑话明显存在夸张成分，但生活中的确不乏这样不懂变通之人。我们在生活中遇到问题时，遇到痛苦、烦恼时，要反思、要容忍、要接受，慢慢才能把心量放大。常言道“量大福大”，心量越大烦恼纠结就越少，没有烦恼便是有福报的表现。福报都是自己修来的，不是向佛菩萨求来的，想要修得福报就要让自己的心胸变得开阔。

第二，学会吃亏。

首先应该清楚一个概念，吃亏并不能与懦弱、无能画等号。吃亏是一种大心量的表现，是宅心仁厚，是不计较，是放下自己成全别人。从某种角度讲，一个人一生取得多大成就取决于能吃多大亏。

肯吃亏的态度要建立在心胸开阔的基础之上，如果心里放不下，即使吃亏了也会念念不忘、耿耿于怀，那就成了真正意义上的吃亏，得不偿失。正如我们布施，如果对布施念念不忘，那便不是布施，而是放债。如果自己吃亏能够利益别人，那么这个亏可以吃，如果自己既吃了亏又没有利益别人，这样的亏就不能吃了。

我们可以反思一下自己的人际关系是否和谐，如果长期处于不和谐的人际关系中，很有可能我们自己就是自私自利的人，因为与一个人意见不合、关系不好可能是对方的问题，与大家的关系都非常紧张，火药味十足，那便是自己的问题了。一个人与朋友、亲人相处却处处不肯忍让，处处想要占便宜，这样的行为会赶走身边原本关心着自己的人。吃亏之所以是福，就在于虽然眼前吃了亏但是以后会得到更大的弥补与惊喜。心怀自私就要对症下药，学会吃亏、学会帮助别人，时间长了就会发现，原来生活中遇到的所有问题都有解决之道。

做生意更要学会吃亏。一代大商李嘉诚就曾告诉他的两个儿子，吃亏就是他的商经。一个能吃亏的人往往心态好、身体好、人际关系和谐，这些是一个人所能拥有的最大福报。相反，一个人心胸狭窄、动辄生气发火、看什么都不顺眼、不满意，气大伤身，久而久之他的身体状况肯定越来越差，也就没有了福报。

“祸福无门，惟人自召”，人类身体的病毒可以消除，想要内心的病毒消除需要用心药医，这些“心药”就是吃亏、宽容、慈悲、放下。

第三，有一颗光明心。

出家师父最爱说的一句话是“阿弥陀佛”，它的含义是祝我们无量光寿，也就是“无量光，无量寿”。无量光即是光明之心，无量寿即是长生不老。光明心，顾名思义，就是内心没有黑暗。内心是光明的，快乐就会常驻，痛苦就会消失，清净、喜乐主宰心灵，才能够健康、长寿，我们就能活得很幸福，这就是我们的福报。

因此，我们要时刻让自己的内心处于一种光明状态，“明来暗谢”，光明来了黑暗自然会顿时消于无形。光明就像电，如果电力饱和、能量大，阴翳就不会生成，如果我们的内心电力微弱，如同一个昏暗的 15 瓦灯泡，就会产生很多阴影，形成负面的、阴暗的情绪。

就像两件乐器在同一振幅便能发生共振，两个相似的事物之间最容易引起共鸣。如果因为一句话就与人争执，如果轻易便会生气、恼怒、痛苦，说明我们自身存在阴暗面。阴暗的事物、人能引起我们的情绪波动就说明我们与他们处于同一个振幅、同一个频道，说明我们的内心光明不足。

历史上那些建功立业的伟人志士往往都是具足光明心的人。

宋朝著名宰相韩琦，他在担任知府期间有一位下属呈上公文，竟然忘记署名，这在当时是要治罪的。韩琦看完之后，用袖子盖住文件，抬头和他谈话，讲完又从容地把文件还给他。这位下属后来才发现自己犯了大错误，一面惭愧不已，一面感叹说：“韩公真是天下盛德之人！”

还有一次，韩琦宴请官员，一位小官不小心碰倒了桌子，摔碎了两只玉杯。在场的人都大惊失色，这位小官吓得跪倒在地，韩琦却神色不变，笑着对大家说：“什么事的成败都有一个定数。”又对小官说，“你也不是故意的。”轻描淡写地免去了一场风波，在场的人无不感恩佩服。

韩琦在山东做统帅的时候，有一天晚上写信，让一个士兵拿着蜡烛在一边照明。这位士兵很不专心，总是向其他地方张望，结果蜡烛烧了韩琦的胡子，韩琦却只是用袖子拂了一下胡须，照样写下去。过了不久，韩琦回头一看，已经换了掌灯人。他担心主管的官员会鞭打那位士兵，就急忙把他叫回来，而且对管事的官员说："不必换人了，他现在已经懂得怎样拿蜡烛了。"

韩琦为何能如此"不拘小节"？因为他宽容，他具有一颗光明之心，这颗心充盈着天地宇宙之间强大的正能量，轻易不会被阴翳遮蔽，于是他人的无心过失他都可以一一原谅，并且用自己的光明心、宽容心为下属树立榜样，在深得人心的同时也起到了规劝、教育的作用。

宽容是人和人之间必不可少的润滑剂，它和诚实、勤奋、乐观一样，是一个人道德水准、气质涵养的自然流露与体现。光明心是一切正面的情绪，宽容、慈悲、喜乐、清净、智慧、忘我、随缘、平等、放下，等等。宽容心与光明心都是正能量，正能量进来了负能量自然就会退场。佛魔不同道、冰炭不同器，光明永驻则阴邪不侵。

一个人要真正明白地活着，虽然不一定出家，但心一定是出世的。有一颗出世之心身体才能超脱，做事才能游刃有余、举轻若重、张弛有度。

身心合一是人生的最高境界，身心一如、不受束缚、身随心转，即便被困于牢笼之内，人也会活得活泼曼妙、悠然自在。这样的生活状态值得追求，这样的人生境界必须修行。

第十一章

六　度

关心别人是一种布施，这样的布施也会让自己幸福。

第十一章　六 度

六度，就是六种让我们到达修行彼岸的方法。

六度其一是施度。

佛教中的布施并非人们通常所理解的施舍钱财，而是分为财施、法施和无畏施。用钱财来布施是财施；将自己的思想、方法、技能传授给别人是法施，佛法是最上等的法施，因为它是教人出离生死轮回的大学问；无畏施则是使病人或者需要帮助的人不恐惧、不担心、不痛苦、不纠结，心里获得安宁、幸福、自在。

以前在《读者文摘》中看过一篇文章，大致内容是如果想富有就先要学会布施。如果你有两块钱，给了一个急需用钱的人一块，这时你口袋里的钱虽然少了一半，但是你的善良却会给未来的自己铺就一条更加顺畅的道路，财富也会随之而来。

关心别人是一种布施，这样的布施会给自己带来幸福，不仅有帮助他人的成就感，亦有善念带来的福报回馈。老板除了给员工提供薪资待遇外，还关心他的情绪、生活、家庭便是一种布施，这样的言行举止中便蕴含了自己的大悲心。佛教中认为财布施不如法布施功德大，《金刚经》里谈到的“三轮体空”地布施是布施的最高境界，做到了就会功德无量。

“三轮体空”其实很容易理解，比如你送给别人一笔财物，这时就要忘记你自己的善举，忘记你赠送出去的钱财，忘记别人受了你的恩惠，也就是不要求别人感恩，布施就像没有布施一样。做到“三轮体空”才能够把布施当作一种习惯，像吃饭、喝水一样的本能。“施惠勿念，受恩不忘”，不要念念不忘自己给别人的帮助，也不要得意于自己的道德境界有多么高尚，更不要想着别人的报答。布施的时候心有所求，这样的布施就不是布施，而是施舍，甚至可以称为交易。

当我们不断沿着布施的内涵深入思考的时候，就会发现很多东西值得我们去学习、去践行。假如我们每天做一件善事，给人倒一杯茶，或给人一个善意的微笑，积少成多就会改变自己的气场，每个人这么做便会改变社会的风气。善事多了恶事自然就少了，正能量也就壮大了，那么整个社会将会阳光普照，不良的风气和黑暗的状况也会一扫而光。

布施要从生活的点滴做起，要用实际行动去履行。布施的力量十分强大，它可以把善念、慈悲和智慧无限地延伸出去。比如我们看到一本好书，看完之后送给了朋友，而他阅读完了又转赠给了其他人，这样不断传递就会有更多的人因此而受益。这样看似简单的一个赠书举动就是布施的行为，将好的思想和善的观念布施给了朋友甚至陌生人。有时候别人的一个小小的举动就会改变我们的生活，同理，我们自己的一个小小善举也可能会让别人的一生发生天翻地覆的变化。我们给他人带来好的改观便成为了他们生命中的贵人，也许他们自己并没有在意，但我们已经积累了属于自己的福报。

布施无处不在、无时不有，并非只有钱财才能布施，一切对他人有所帮助的东西都可以布施。我们帮别人扫地、挑水、擦地板是布施，给别人一个鼓励、一个安慰、一个善意的祝福也是布施，给别人推荐优秀的书籍，传递好的思想、方法、技巧都属于布施。

懂得布施的人就是在一路给自己种植福报，这样他的人缘会越来越好、事业会越来越发达、身体会越来越健康、家庭会越来越和谐。一个人总是从对方的利益出发，为对方考虑，也会因此受到所有人的喜爱。如是因、如是果，因缘果报，丝毫不爽。

布施应该并且可以作为社会的一种文化加以贯彻，落实到单位、公司、家庭等这样的小集体里。布施是一种自愿的行为，因此这种贯彻应该是自上而下的，老板、领导、家长都应该以身作则，从而影响大家，使每个人都做到自愿、自发地从心底认同布施的智慧。每个人尽自己所能传播善念，社会定将充满爱与和谐。

六度其二是戒度。

持戒是修行的一种重要法门，简单来说就是要有所为有所不为，摆脱负面的东西，正面、积极的东西自然就会显现出来。

有人认为佛教的戒律很麻烦，给人以非常大的束缚。其实诸如不杀生、不偷盗、不饮酒、不吃肉等要求并非不合理，正如儒家所说的“己所不欲，勿施于人”，假如你现在是一只羊，也愿意被杀掉煮了下酒吗？

有一次我去荷兰，在公园里散步的时候看到一只兔子懒洋洋地趴在路中间睡觉，来来往往的人都没有惊动这只兔子。也许有人会惊异于外国兔子的胆大，面对生人也不胆怯，其实不是兔子胆大，而是当地的居民善良，他们对兔子没有任何恶意，善心浓厚得就连小兔子自己也能感觉出来，如此，它才可以毫无顾虑地趴在马路中间。

一个德国男子开着法拉利回家，途中突然发现一只刺猬正在横穿马路，他来不及刹车，只好向公路的护栏撞去，结果人和刺猬没有受伤，法拉利严重受损，光维修费就大约 30 万元人民币。事后记者问他为什么这样做，他说："没有什么东西比生命更珍贵，哪怕是一只小刺猬也值得我为它让路。"

他也许没有宗教信仰，仅凭人道主义的关怀就做到了这种程度，但是他的行为照样会给自己积累福报。杀生是第一大恶，也被佛教列为第一重戒，杀动物如此，杀人就更不可饶恕，不仅消除了自己的福报，也会受到法律的严厉打击。

其实杀生和吃肉是两个概念，佛教根本五戒中有杀生，没有吃肉。佛教的戒荤腥，是相对出家人而言。对于一般大众，能做到不杀生就可以了，但最好还是吃素。

佛教有所谓的“三净肉”，就是不为己杀、不见杀、不闻杀，这样的肉是可以吃的。其实吃肉就是变相杀生，但是一般众生做不到这一点，所以慈悲的佛祖就提出了吃“三净肉”，是退而求其次的做法。

六度其三是忍度。

持戒和忍辱有相似相连的地方，二者都需要坚持，都需要非凡的定力，持戒如同庭前植树，需要耐心和自制力；忍辱则像火内栽莲，需要勇气和顽强的精神。

很多人认为“忍辱”是非常艰难的事，有这种想法的人就还处于比较低的层次，所以才会觉得难。

我有一个朋友，他的孩子人高马大，但是在学校里经常被同学欺负，他很着急，我问他：“你的孩子每次回家是不是很难受、很郁闷，或者唠唠叨叨向你诉苦？”他说：“没有，每次回家他都显得无所谓。”我说：“那没关系，你儿子跟他的同学根本不在一个频道中，所以伤不到他。”如果生活中一个人能伤害到我们，就说明我们的境界还不够高。一个人在三楼，一个人在一楼，在一楼的人拿把刀也杀不了在三楼的人，因为高度不够，我们之所以会受到伤害，是因为我们和一楼的人处在同一频道、同一高度，我们的心量不够大，境界不够高，解读事物不够精深，对方手中的利刃才随时都有可能落到自己身上。

忍辱能力最能看出一个人的综合素质，在佛教修行中忍辱也是非常重要的，如果不能忍辱，次第就永远上不去。“火内栽莲”比喻外面大火焚烧，内心清凉如莲花，这是佛学教义对佛弟子的要求，同样也是在家人应该修行的境界：面对五欲六尘、是非恩怨甚至是奇耻大辱都能安之若素、不为所动，保持内在的清净和皓洁，保持向善的信仰。

一个好的企业家实际上不仅是一个哲学家，还是一个宗教家，能够作为一个传道者，传播一种人间正道，传播一种积极向上的思想，传播一种正确的为人处世方法。

一个有如此高眼界的企业家，他的事业怎么能不成功?

“取乎其上，得乎其中，取乎其中，得乎其下”，承受困难是为了追求卓越的自我。一个有责任感、使命感的人会不断修炼、升华自己的内心，但是没有这种境界的人，往往会忽略对心灵的培养与建设。对于境界高超的人而言并不存在忍辱，这个世间已经没有什么东西可以伤害到他，因为他的灵魂已经达到了自由无碍的境界，即使被拉去服劳役也不会觉得多么苦，即使被关在一平方米的房间里也照常怡然自得、不改其志。

我曾经看过一部精彩的话剧，名叫《如梦之梦》，讲的是一个将死之人对身边的护士诉说他的人生经历，此时此刻，不管是曾经让他痛不欲生的人还是曾经提携他走向辉煌的人，在他眼里都所差无几。如果我们去了太平间或者墓地就会有更深的感触，人生不过弹指一挥间，无论一生辉煌还是潦倒，无论面对死亡恐惧无比还是从容淡定，最终都逃离不了死神的魔爪。

遇事要想开一点，只有放下才能超越，只有超越才能驾驭。我们要学会驾驭生活，而不是让生活驾驭我们，如果被生活控制，就会成为它的奴隶。财色名利、爱恨情仇等都要放下，都要超越，放下了就解脱了，解脱了也就自由了。

持戒与忍辱就是不断抖落自己内心的执着与牵绊，他人的鄙夷与嘲讽，守住自己的心，让心获得解脱、获得自由。

六度其四是精进度。

有些人将精进与执着联系在一起，但这二者是不能相提并论的。精进是积极、奋发、自强，是向善、向上，精进与正确的事物相应，或者说向着正道而去，是符合天地运行规则的。而执着则是顽固、是执迷不悟，是需要去除的东西。

凡夫都有三大病根：执着、分别、妄想。如果能去掉执着就会成为阿罗汉，如果再去掉分别就达到了菩萨的果位，如果连妄想都去掉，就成了佛。执着对人有害，它是人们通向“佛”的最重要的关卡，“我执”“我见”也就成为人的根本障碍。

我们常说的“天行健，君子以自强不息”，这就是精进的精神，是奋发向上、自立自强的精神，如果这个自强不息是为了自己的贪欲、自己的野心，便不再是精进，而是执着。精进的方向是光明大道，越往前走越开阔，而执着的方向则是羊肠小路，荆棘丛生，前途渺茫。

佛学分大乘和小乘，乘是运载的意思，“大乘”就是可以运载很多东西。小乘的果位是阿罗汉，大乘的果位是菩萨和佛。佛教里经常这样描述佛跟罗汉的区别，罗汉对世界的了解就像从针孔透进来的光，而佛所达到的境界就好比把整个天花板都掀掉，对世界的了解是无尽的。罗汉是自了汉，只是了脱自己的生死，而佛和菩萨都是自度度人。菩萨在这个世间无时不刻不在度众生，所以菩萨是佛的因，佛是菩萨的果，二者都能够承载大量的佛法和无边的众生，因此属于大乘佛教。

社会地位越高、手中权力越大的人，他的心态和思想就应该越像菩萨，不但自己做好，还要影响别人、帮助别人、度化别人。每个人都应该做菩萨，不管是在工作中还是在家庭中，处处都保持大境界、大视野、大愿力，最后就能取得大成就。

很多时候人生的苦难是提升我们生命内在品质的一个必须经历的过程，面对一件很令人头痛的事，只有两种选择，要么在痛苦中沉默，要么在痛苦中蜕变。一个人只有经历了艰难和困苦，内心才能真正成熟，如果我们蜕变了，就要感谢这个让我们蜕变的机会，但是太多人不能理解这个道理。想要做成任何一件事情都不容易，勇敢的人能够迎难而上、提升自己，而懦弱的人只会越来越消沉。

任何事物都有其内在规律。可能有人会认为创新很难，事实并非如此。任何组织和个人的成长都要有所依附，皮之不存，毛将焉附，我们所要做的就是找出这个依附的所在。国家依附于人民，人民的需求就是政府要努力的方向；企业依附于自身的产品、服务以及客户的需求，消费者的满意程度就是企业发展的动力。所有的服务、创新都是依对方的需求而改变的，秉持“人无我有，人有我强；人强我精，人精我好”的宗旨，努力做到比别人好一点，永远走在别人前面，这就是创新。

香海禅寺与其他寺院不同，一般的寺院大雄宝殿的后面会供一尊观音，如滴水观音、海岛观音、龙头观音、自在观音，等等，但我们做了一个万手观音，整个佛殿宽三十多米，密密麻麻全是佛手，任何一个角度都会给人以巨大的视觉冲击。我们这样做是因为我们的追求与众不同，香海禅寺的定位不是一个烧香的场所，而是一个能够净化心灵的场所。净化人的心灵比收多少香火钱重要得多，尤其是一些企业家，他们是社会的精英，如果我们的思想能够影响一个企业家，这个企业家就能影响他的公司，而公司里的每个人又可以影响自己的家庭。每个人的人际关系、社会关系都是是网状的，香海禅寺找到自己的准确定位，利用好这个网状结构，引领更多的人行善，这些便都是在进行创新。

创新就是要做出与众不同的东西，如果我们不从实际出发，创新就不会被大众接受。寻找大众的需求，以此为基础去创新，创造出来的东西才真正有益于社会，才能拥有长久的生命力。

有一次，嘉兴的一位画家来看我，我就同他谈起了自己关于绘画的一些想法，一般人学画都是学习一些既有的技巧、笔法、用墨，等等，只是一味地去模仿，并无新意，如果想要有所突破必须有自己的认识与理解，不落俗套、别具一格。

世界上许多学说的创立都是一个人经过长期的知识积累和独立思考，对世界作出独特的解读，将自己的观点整理出来便成了独到的学说。不管是中国的孔子、老子、墨子、荀子、韩非子，还是西方的苏格拉底、柏拉图、黑格尔，这些哲学家都是以自己的眼光来解读世界的政治、文化、艺术等各个方面，从而得出各具价值的理论成果。绘画也一样，每个人都有自己的欣赏角度和表现方式。比如画荷，有人画荷花的鲜艳、美丽；有人画的是禅荷、墨荷，不染颜色；有人不画荷花只画荷叶，从荷叶当中表现荷花的绽放。角度不同，表达的效果当然也不同。画画不应该把别人的技巧当成自己的技巧，而应该在基本功具备以后，在绘画中添加自己对生活的独特感悟，这样创作出来的作品才能成为独一无二的珍品。

企业管理也同此理，这个世界上没有一模一样的东西，企业更无法复制别人的成功模式。管理就是通过考量人的思想、行为、特质而分配相应的任务，每个人都有自己的优长短缺，管理者需要做的就是用最适合的方式发掘他们最大的潜能。每个公司由于实际情况不同，经营方式也必然会有所差别，就像稻盛和夫的思想，许多人学习过，但是没有办法照搬应用。

我们不能刻意地去模仿别人，而是要在学习别人的同时启发自己的智慧，努力突破自己的思维局限才能有所创新，走出属于自己的未来之路。

六度其五是禅度。

什么是禅定？外不着相为禅，内不动心为定。禅定是行住坐卧都在定中，即做任何事都能一心不乱。我们都知道柳下惠坐怀不乱的故事，就是因为他的定力很深。一般人打坐可能会乱想，思绪纷乱没有着落，这时候可以尝试用数呼吸或者念佛号的方式对治散乱，让自己的心沉静下来，让思想集中于一处。

佛学中的参禅是参生死，普通人参禅可以参生活百态。参禅需要每天坚持，在头脑中放电影一样把自己所纠结的事情放一遍，比如今天自己和谁吵架了，为什么吵，自己讲了哪些不适合的话，接下来怎么办……其实就是在静坐的时候参自己的问题、参自己的内心，由于在静坐的过程中心神归一，头脑异常清晰，平常想不清楚的问题就能彻底想明白。

实际上，禅修就是让心沉淀下来，当到达一定境界后，我们的思维、观念甚至性格都会随之发生变化。传说天台山有两个奇人，一个叫寒山，一个叫拾得，有人说他们是文殊菩萨与普贤菩萨的化身。他们写了一本诗集，叫作《寒山拾得诗》，乾隆皇帝还专门收藏过他们的诗集，书中各页钤盖了许多图章，因为他们的诗写得太好了，一般人写不出。其实他们一字不识，诗好是因为通过禅修最终开悟了，生命的质量也由此发生了彻底的改变，他们随口说出的箴言也就被后人奉为了经典。

六祖慧能是禅宗的集大成者，关于他一生得法、传法的事迹以及给人以启发的言论被整理成了《六祖坛经》，在中国佛教历史上，这是唯一一本能被尊称为经的佛学著作。六祖慧能实际上不识字，只是个农夫，但是别人只要把经文读一遍，他就能明白其中的意思，因为他是开悟之人，禅修已经改变了他的内在生命，即使不识字，依然能通晓佛学的智慧。

六度其六是慧度。

佛学有言，“五度如盲，般若为导”，因为六度修行是菩萨修证佛道的阶梯，六度圆满，就是佛道之圆满，所以智慧是最重要的引导。般若是出世间的终极智慧，人生的最高智慧，是宇宙万事万物存在的规律。《金刚经》里面讲“凡所有相皆是虚妄”，实际上这便是智慧，它讲的是世间的万事万物包括我们自己都是变化无常的，人有生老病死、月有阴晴圆缺，我们不能执着于外相，被表象迷惑。

《金刚经》云：“一切有为法，如梦幻泡影，如露亦如电，应作如是观”。“有为法”即一切有所造作的举止，包括思想、行动，等等，它就像梦幻、水泡、电、露，不断变化、迅疾消逝，没有一个固定的自性。“空无自性”是大乘佛教缘起性空的思想，明白了这个道理就不会再被任何事情所困扰，挫折、困难甚至喜悦、快乐都是暂时的，一切终将过去，无法永远停留。

这个世界的本质正如《心经》所说，“不生不灭，不垢不净，不增不减”，在圣不增，在凡不减，没有好也没有坏，没有干净也没有污浊，当然也没有生死。凡夫的分别心会带来错误的知见，自己证悟，才能明白其中的错误，并进行纠正。

佛法并非头脑中想象出来的，而是需要通过身体力行实实在在去印证。佛法的智慧也需要我们自己去践行、去学习、去领会。

每个人都在演绎着自己不同的人生，未来的路无论长短都需要我们自己去走，以下五点是我的一个总结，希望能够帮助大家，使大家在面对前行路上的问题时能够安住其心、稳步向前。

第一，让自己的心像虚空一样开阔。打开自己的心量，心量决定人的格局，心量越大，成就越大。对任何事情都斤斤计较的人注定不能成就自己，注定不会快乐。

第二，学会惜福。越惜福越有福，越不惜福越没福。惜福就是珍惜我们遇见的每一样东西、每一个人，包括妻子、儿女、父母、同事。因为每一个人来到自己身边都不是无缘无故，彼此都有很深的缘分。

第三，学会吃亏。吃亏实际上是在积福，一个真正有格局的人才能做到吃亏，反之，一个心量狭小的人绝对吃不起亏。我曾经讲过一个故事：地狱里面有两个小鬼要到人间投胎，阎罗王跟他们讲，现在人间有两个空缺，一个是不断得到东西的人，另一个是不断给予东西的人。你们要做哪个？一个小鬼跳出来就说："我要做第一个！"结果他去了后发现自己是乞丐，而另一个是富翁。

第四，学会站在制高点看问题。制高点就是事物的终极，高屋才能建瓴，站得高才能望得远，把握事物的终极规律才能从根本上处理问题。

第五，每天以一颗光明心面对生活。光明就是智慧、喜乐、慈悲、舍得、放下，就是看得透、想得明白。如果用这样的状态去看待和思考问题，我们的内心就会一尘不染。

第十二章

醒　觉

一个人想要实现提升和成长，修心是最为关键的步骤。

第十二章　醒觉

每个对禅有所了解的人可能对其都会有自己的感受、看法甚至定义，佛教里将禅称为静虑，就是将内心的浮躁不断地过滤，过滤得越清净、单一、纯粹、无染、宁静、喜乐越好。

“静虑”指“独一静处，专精思维”。一个人独处时，心无旁骛，只是静静坐着，思想便非常活跃，正如身体在剧烈运动时脑子基本一片空白一样。人在静处时就会发现自己的想法不断涌现出来，甚至内心的不平衡、压抑、气恼、冲撞、得意、自恋等各种状态也都会一一浮现出来，此时对自己的认识便会增加，仿佛由冰山一角骤然升成新大陆。

人最难做到的就是认识自己，但认识自己比认识身外的世界更重要。我们认识自己就要认识自己的优长和缺陷，认识自己未来的方向，认识自己与周围的一切复杂关系，等等。就像笛卡尔所说的“我思故我在”，要以自己为原点，在认清自己后再慢慢辐射开来，认识这个世界。

真正认识自己之后才会明白自己所处的位置，才能看清自己未来的方向。就像年轻人读大学，想要读什么专业，大学毕业后的规划是什么，选择就业还是创业，这些计划要如何实现，人生的最终追求是什么。这些对未来的思考与规划要结合自己的性格特点、能力大小、内心喜好，要对自己有全面而充分的认知，如此才不会选错路、选错职业，今后的路才能走得更顺利。不知道自己内心深处的需求和方向就会活得很盲目，要养成这样一种思考习惯，慢慢才能发现最本真的自我，实现自己的人生价值。

第十二章　醒 觉

静下心来更容易发现问题，参禅是帮助我们静心的一种重要方法。每个人都可以参禅，不断对自己发问：我是谁？我在哪里？我往哪里去？把参禅同自己的学习、为人处世以及自己的身体、心灵等自然地结合起来。佛教讲参禅，参就是发现自己的问题，充分地认识自我。人非圣贤，我们来到世间带着无始的业障习气，这些业障和习气需要我们通过一生的修行才有可能去掉。荀子的“性恶论”是有道理的，所有“人”都有“恶”，无恶何以成人身？但在佛法中关于人性的观点是“人之初，性本无”，“性本无”的意思就是“非善恶”，不善也不恶。不过佛学里的“人之初”和我们通常所理解的“人之初”并非同一概念，我们讲的“人之初”是从婴儿开始，而佛学认为婴儿来到这个世间，就已经带有了烦恼习气和五欲的业障。

参禅就是观照自己、了解自己、发现自己、觉察自己。我们需要随时随地进行自我观照，形成习惯和条件反射，因为一个能时刻自我观照的人不会做出盲目、愚昧的举动。

香海禅寺建了一座大殿，占地4000平方米，高42米，这是耗费数年的大工程。有一天一个农民昂首挺胸地跑来，跟我说寺院的大殿遮住了他家的风水，建了大殿之后他家就非常不顺，还告诉我，他是炮兵出身，精通各种爆炸之术，如果不赔偿他，就要把大殿炸掉。我说我并不阻拦他炸毁大殿，但在炸之前要做好两个准备：第一，炸大殿自己也有丧生的危险；第二，炸掉大殿后自己会有牢狱之灾，因为大殿是公共财产，危害公共安全一定会受到法律的制裁。

凡所有相，皆是虚妄。所有有相的东西早晚都会毁灭，大殿亦然，在将它建起来的一刹那，它就开始了不断走向毁灭的过程，即使今天不炸掉，多年之后它也会消失不见，所以炸掉它，只不过是促使它快速地走向衰败。在给那个农民讲清楚这个道理之后，他就再也没有找过我。

如果我们能够客观、理智、全方位地看待自己以及自己与这个世界的关系，就永远不会犯大错误。最近几年，我经常给企业家讲课，总是提到一句话，“欲令其灭亡，先令其疯狂”。一个人走向毁灭的标志就是发狂，当一个人忘乎所以、不可一世、歇斯底里时，这个人就已经非常危险了，离灭亡仅仅一步之遥。因为人若不能理智地思考问题，就容易做出冲动的事情，而且结果往往会令自己悔之不迭。

如果我们能够降伏自己的心，就能增强自我掌控能力，磨砺自己的性情。一个人想要实现提升和成长，修心是最为关键的步骤。

“心内求法是佛，心外求法是魔”，修行都是从修这颗心开始的，外界的一切只是训练自己心的场所，万事万物也不过为修心的道具。对于一家企业而言，若想屹立不倒，最终比拼的不是产品、人才、文化，而是企业掌舵人内心强大与否、心的能量有多大。

一个人内心足够强大，在任何位置都能做出不俗的成绩，适应能力之强会让他人望尘莫及。年轻人更要训练自己的内心，这样才能适应社会的需求，不被社会淘汰。当今有许多家长都希望自己的孩子有一个稳定的工作，能够考上公务员，在与这些家长的交流过程中我反复劝慰他们，现在认为好的以后未必就好，一切事物都在不断发生变化，如今的稳定可能就是今后的不稳定，就像以前大家都争着进供销社、粮站，可如今这些单位都不存在了。

外部条件并非决定一个人成败的根本，提高自身的素质、练就强大的内心才是立事之本，一个内心有足够力量的人，不管在哪里都可以闯出自己的一番天地。正如一颗强悍的种子，即便落在贫瘠之地也能长出大树，华山松、黄山松便都是生长在悬崖绝壁之上，任尔东南西北风，兀自岿然不动。

我刚到嘉兴的时候举目无亲，当时的愿望就是通过自己的努力重建香海禅寺，我在普陀山教书挣的钱对于建一家寺院来说是杯水车薪，但是我从来没有想过放弃，通过社会各界的支持和寺众们的艰辛努力，最后终于把庙建了起来。即使刚开始的时候门庭冷落，但我们一直坚持传播佛法、利益世人的初心，始终没有放弃最初的目标，如此一点一点壮大起来，最终形成了现在的规模。

做任何事情都是如此，想要获得最后的成功不能依赖任何人，只能靠自己。现在很多女孩子都希望自己所嫁的那个人能给自己安全感，能让自己有所依靠，但世界上没有绝对的安全和依靠。也许会有人认为这种观点过于悲观，但从佛法的角度讲万事万物莫不如此，一切都在无常生灭中变化，没有一成不变的东西，任何一个人真正可以依靠的只有自己。

想要依靠自己就要训练自己的内心，内心强大是一个人的成事之本，亦是一个人成就自己的根本。

无论对事业的选择还是对未来的计划，都应当有个标杆做尺度，而这个标杆需要将我们自己同世界、国家、人民、时代结合起来考量。

如何让一滴水永不干涸？答案是放到大海中。而“人海”即大千世界里的芸芸众生，将人生的使命、追求以及未来的成就融入到无量众生中，才能体现出自己的价值，才能够保证自己不被蒸发、不被淘汰。站在城市高楼的顶端俯视整个城市的夜景，能够看到高楼林立、车水马龙、灯影幢幢，这些建筑、工具都因为人而得以存在，它们正因为服务于人类才具备价值。其实人也是如此，懂得奉献，能够把自己的价值和整个人类的价值融合在一起，才能长盛不衰。

人生的价值归根结底就是利益他人，这种思想在佛教中被称为“菩萨道”，菩萨道即上求佛道，下化众生。这种理念是帮助我们成佛的思想阶梯，假若我们秉持自私自利的念头去做事，则永远不可能成佛。

生活中我们之所以常常被各种各样的问题困扰，是因为自己的内心封闭、思维打不开。儒家说“求之不得，反求诸已”，反观自照是一种非常重要的智慧，拥有这种智慧我们就不会犯大错，就能一生顺遂。修行是内观的学问，要学会找自身的毛病。佛法中讲，世界只是我们心的投影，心物原本不二，心改变了，眼前的世界就改变了。

有些积极上进的学生在学校里喜欢参加各种活动，担任各种职务。其实，我也觉得争取当上学生会主席是一件好事，当然这个“好”并不是学生会主席这个身份能够给学生带来什么切实的利益与好处，也不是希望孩子这么年轻就培养出官本位的思想和一身的官架子，学生干部是为广大同学服务的，这些职务能够增强学生服务他人、利益他人的精神和品质。无论是学生还是大人都应该明白学生干部的本意就是服务他人、帮助大家。

每个人都是如此，服务的人越多，生命的价值就越大，而且服务他人对自己的锻炼非常大，在这个过程中自我提升也会非常快。人内心的强大、精神的独立、处事的智慧都源于对他人的服务，时刻都能想着服务身边的人，我们的形象、言谈、举止、思想也会随之改变，便能放下心中的自私与纠结，把自己放下了，烦恼也就没有了。

为什么要去服务别人？因为人的本性都是自私的，总是念念不忘自己的利益得失时，就会落入“小我”的圈子作茧自缚，做事也无法达到理想的状态。如果一个人能够与自私的天性背道而驰，他的品质和精神就会立刻得到突显，自身也会聚集强大的力量，因为无私而心无牵挂、胸襟开阔，智慧才得以开发，境界亦得以提升。

父母、亲朋、同学甚至素不相识的众生都是我们利益的对象。我们可以回想一下自己做过多少件有利于别人的事，最简单的如回家帮母亲洗碗，从小处说是孝顺，从大处说就是在用自己微薄的能力利益他人。当利益的人越来越多的时候，就会发现我们的气场、能量、高度都变得与众不同。

也许有人会认为自己并没有利益众生的能力，觉得自己地位不够高、权力不够大、财富不够多，空有一腔热血、一颗爱心，也只是爱莫能助、无能为力。其实善心和善举并不在于财富的多寡，利益他人也不取决于自己所在的位置。每个人都应该努力改变自己的思维方式，将自己的目光放高远，站在更高的层次去观察、审视问题，去看待、履行自己的责任，身份、地位并不能影响一个人的责任心。有一次给党校的官员讲课，我便为他们提出了这样一种思考模式：作为嘉兴的领导，眼睛中不能只有嘉兴，要站在浙江、中国乃至全世界的角度去思考嘉兴市的发展与兴衰，有了这种高标准的思考之后，就会发现这座小城与世界之间有着密切的联系，而自己与世界之间也是一不是二，如此才能够把自己的人生使命与万事万物有机结合起来，才能够规划、定位、推动嘉兴的发展，进一步推动浙江、中国乃至世界的发展与前进历程。

如果一个人工作只是为了升职加薪，得到别人羡慕的眼光，追求与物质、名望、地位等所谓的成功，那他就是一个短见之人，绝对难成大器。缺乏远见就会陷入当前物欲的状态不能自拔，只会向别人投去羡慕的眼光，心生嫉妒，增添自己内心的失落感和不平衡；没有远大的目标和方向，就容易被眼前事物的表相迷惑。我非常敬佩周恩来总理“为中华之崛起而读书”的高超眼光和境界，他能够成为一代伟人、广受百姓爱戴也正是因为他一心为国的热忱、鞠躬尽瘁的精神和伟大的历史功绩，正是由于他少年时期为自己制定的读书目标。

如果一个人能将自己的生命与民族、国家的兴旺有机结合起来，就不会因为眼前小小的利益而迷失自己。以一种更大的格局去思考问题，便不会斤斤计较、患得患失。佛法要求我们利益无量众生，能够包容六道的一切众生，如此，便能拥有最大的心量。

我经常和身边的朋友讲，我们这代人是有大福报的一代人，西方的文明已经盛极而衰，而我们古老的东方文明则否极泰来，我们拥有五千年的文化积淀和智慧积累，完全可以乘风再起，实现民族的伟大复兴。若想真正实现复兴需要每个人的努力，需要每个人提高自己的眼光与境界，需要每个人担负起复兴的责任。

香海禅寺每天吃饭前都要念一些经典书籍，包括《了凡四训》《道德经》《论语》《素书》等等。每天吃饭前念十分钟，开始可能不懂书中的道理，念了多遍之后就会慢慢明白古人所讲的道理。这些典籍中包含着许多非常珍贵的思想，永远都不会过时。

我曾用了三个月的时间读完共有11本的历史系列小说《大秦帝国》，小说从商鞅变法、秦王朝的崛起，一直写到诸子百家登场。各家陆续在历史舞台上出现，一些有思想主张的人都宣扬自己的学说，发出属于自己的声音。中国五千年的历史，春秋战国的文化辉煌灿烂，思想上亦是百家争鸣，相互碰撞，作者用他的风云之笔带领我们穿越回了那个思想纷飞的年代，带领读者去游览、体验了另一段历史时空。我经常会思考大一统局面的利弊，也许它是利大于弊的，但我们不得不承认中央集权制谋杀了人的创造力，因为历史上再也没有涌现过百家争鸣的思想文化浪潮。

先进的、经久不衰的思想是与众生利益相符的，一个人与众生相合才能够做出真正的事业，取得真正的成就。

禅修可以改变人的内在思维、打破固有框架、破除我执，让自己的思维无尽地遨游，不受局限。

中国禅最大的魅力也在于此，它追求思想的无尽释放，破除各种“相”以获得真我。禅修可以打破僵化的思维，还之以自由与灵动。

人只要活着，每天都会碰到无数问题，但是有多少问题就会有多少答案，问题层出不穷，解决问题的方法也不计其数，关键在于我们的思维是否能够打开，而禅修就是打开思维的最好方式。

人常有太多的担心、挂碍、放不下，没有办法释放自己的潜能，禅修可以修炼我们的心，打坐的第一步就是让自己的心沉静下来，让其安于当下，这样才能对自己以及自己的所思所行有清晰的认知。

奥运会运动员接受的心理素质训练其实也属于禅修。比如一名田径运动员，跑步的时候不能总对名次和荣誉念念不忘，而是要将一切都忘掉，只管跑下去，方可达到最轻松的状态，将自己的潜力发挥到极致。无论做什么事情都是如此，只有卸去心头的负担，才能得到最好的结果。

禅修其实和生活可以紧密地结合在一起，自己的担忧、恐惧、纠结，甚至连自己笑得不够灿烂都可以参问自己为什么。父母打电话唠叨的时候就要训练自己的耐心，觉知当下，如果是真孝顺就不会觉得不耐烦。即使某天我们莫名其妙地被抓进监狱，在经过禅修之后也可以坦然受之，恰好可以借此闭关打坐，说不定在坐牢这段时间内就能开悟、解脱了，加深自己的禅定功夫，也算是因祸得福了。将一切执念都放下了，一个馒头、一碗稀饭便都可以接受，亦不在乎睡在什么地方、处在什么环境，对外在的需求少之又少，所有的时间都留给自己，才能收获内心真正的丰盛。

如果一个人能放下名闻利养，放下世间所执着的一切，对于别人趋之若鹜的东西能淡然处之，他就达到了人生的一种大境界，拥有了无限的力量和可能性。